고집북스〈포기하지마〉시리즈 no.4

"역포의 한국사"

중1에서 고3까지
한 번에 정리한
한국사요약집

1장
선사시대와 국가의 등장

2장
삼국시대와 남북국시대

3장
후삼국시대와 고려

4장
조선

5장
대한제국
(개항기)

6장
일제강점기

7장
광복 후 현대

"역포의
한국사"

1장 선사시대와 국가의 등장

구석기 (기원전 70만 년전)

- **요약**

채집·사냥 중심의 이동 생활을 하며 뗀석기를 사용했다

- **배경**

빙하기 환경에서 사냥·채집 생활이 필요해졌다

- **핵심내용**

사냥·채집

이동 생활
: 동굴·막집

평등 사회

뗀석기 사용
: 주먹도끼·찍개

구석기 유적
: 연천 전곡리 (아슐리안형 주먹도끼)
공주 석장리

불 사용

- **결과**

  도구 사용이 증가하며 생활이 발전했다
  신석기 시대로 발전할 기초가 마련되었다

- **어휘**

  뗀석기: 돌을 깨뜨려 만든 날카로운 도구
  이동 생활: 사냥·채집을 따라 거처 이동

혀니샘의 꼭 나와!

구석기인들은 ○○○○ 등 뗀석기를 만들어 사용했다
구석기 시대 유적으로 연천 ○○○가 있다

신석기 (기원전 8000년경~1500년경)

- **요약**

  농경과 목축을 시작하고 정착 생활로 변화했다

- **배경**

  기후 온난화로 농경과 목축이 가능해졌다

- **핵심내용**

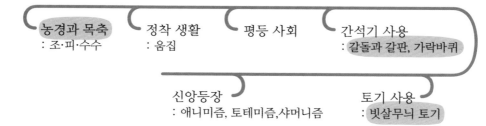

농경과 목축
: 조·피·수수

정착 생활
: 움집

평등 사회

간석기 사용
: 갈돌과 갈판, 가락바퀴

신앙등장
: 애니미즘, 토테미즘, 샤머니즘

토기 사용
: 빗살무늬 토기

- **결과**

  인구가 늘어나며 공동체 생활이 자리 잡았다
  정착 생활이 확립되어 한곳에 머물며 살았다

- **어휘**

  애니미즘: 자연물에 영혼이 깃들어 있다고 믿는 신앙
  토테미즘: 특정 동식물을 부족의 신성한 상징으로 여기는 신앙
  샤머니즘: 무당(샤먼)을 통해 신과 소통하는 신앙

혀니샘의 꼭 나와!

신석기인은 밭에서 조, 피, 수수 등을 재배하며 ○○을 시작하였다
○○○○ ○○는 무른 땅에 쉽게 꽂기 위해 밑을 뾰족하게 만들었다

13

청동기 (기원전 1500년경~300년경)

● **요약**

청동기를 사용하며 계급과 국가가 형성되었다

● **배경**

농업이 발전하며 먹고 남은 잉여 생산물이 생겼다
이를 모으고 나누는 과정에서 지배층이 등장하게 되었다

● **핵심내용**

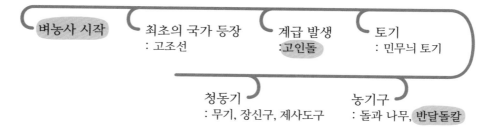

벼농사 시작

최초의 국가 등장
: 고조선

계급 발생
: 고인돌

토기
: 민무늬 토기

청동기
: 무기, 장신구, 제사도구

농기구
: 돌과 나무, 반달돌칼

● 결과
계급 사회가 만들어지며 초기 국가가 나타나게 되었다

● 어휘
비파형 동검: 비파 모양의 청동 무기
고인돌: 지배층 무덤, 권력 상징

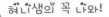 혀니샘의 꼭 나와!

OOO은 청동기 시대 지배자의 무덤이다
청동기 시대 대표 농기구로 OOOO이 사용되었다

철기 (기원전 300년경)

- 요약

  철기를 사용하며 국가 체제가 정비되고 한반도에 본격적 국가가 등장했다

- 배경

  철기 도구를 사용하며 농업과 군사력이 강화되었다

- 핵심내용

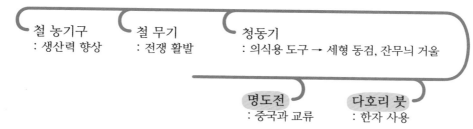

철 농기구
: 생산력 향상

철 무기
: 전쟁 활발

청동기
: 의식용 도구 → 세형 동검, 잔무늬 거울

명도전
: 중국과 교류

다호리 붓
: 한자 사용

- 결과

  여러 나라가 등장하며 본격적인 국가 체제가 형성되었다

- 어휘

  세형 동검: 한반도에서 독자적으로 발전한 얇고 긴 청동검
  명도전: 중국 화폐, 중국과의 교역 증거

 혀니쌤의 꼭 나와!

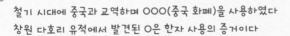 철기 시대에 중국과 교역하며 OOO(중국 화폐)을 사용하였다
창원 다호리 유적에서 발견된 O은 한자 사용의 증거이다

고조선의 성립 (기원전 2333년)

● 요약

단군 왕검이 고조선을 건국하고 제정일치 사회를 이뤘다

● 배경

여러 부족이 힘을 모아 하나의 국가로 발전하기 시작했다

● 핵심내용

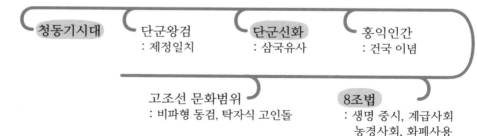

청동기시대

단군왕검
: 제정일치

단군신화
: 삼국유사

홍익인간
: 건국 이념

고조선 문화범위
: 비파형 동검, 탁자식 고인돌

8조법
: 생명 중시, 계급사회
농경사회, 화폐사용

- 결과

  법과 계급이 생기고 민족 정체성이 발전했다
  외부와 교류하며 국가가 성장할 바탕이 만들어졌다

- 인물

  단군왕검

- 어휘

  제정일치: 정치·종교 지도자가 동일
  8조법: 고조선의 법률, 3가지만 전해짐
  홍익인간: '널리 인간을 이롭게 한다'는 사상

  혀니샘의 꼭 냐와!

  고조선은 농경을 시작한 OOO 시대에 건국되었다
  고조선의 OOO은 사회 질서를 유지하기 위한 법이다

위만조선의 성립 (기원전 194년)

● 요약

위만이 고조선을 장악하고 중앙 집권 체제를 강화했다

● 배경

철기 문화가 퍼지고 중국의 혼란 속에 이주민이 늘어나면서
위만이 고조선으로 이주하였다

● 핵심내용

위만이 왕위 차지
: 준왕 몰아냄

철기문화수용

중계무역

- 결과

  정치와 경제가 발전하고 무역이 활발해졌다
  중국 한나라와의 갈등이 심해지게 되었다

- 인물

  위만, 준왕, 한 무제

- 어휘

  중계무역: 두 나라 사이에서 물품을 중개하는 무역 형태

혀나쌤의 꼭 나와!

준왕을 몰아내고 새롭게 왕이 된 위만은 ○○문화를 수용하였다
위만조선은 한나라와 다른 나라사이에서 ○○○○을 하여 성장했다

고조선의 멸망 (기원전 108년)

● 요약

한 무제의 침략으로 왕검성이 함락되며 고조선이 멸망했다

● 배경

위만조선이 교역을 독점하며 한나라와 갈등이 커졌다
내부에서는 지배층의 권력 다툼으로 백성들의 불만이 커졌다

● 핵심내용

한 무제 침략
→ 왕검성 함락 → 고조선 멸망

한 군현 설치
: 낙랑(중심)·진번·임둔·현도

- 결과

  고조선이 멸망하고 한나라가 한 군현을 설치했다
  이후 한반도 북부에 중국 문화가 전해졌다

- 인물

  우거왕, 한 무제

- 어휘

  한 군현: 한나라가 고조선 멸망 후 설치한 지방 행정 조직
  낙랑군: 한 군현 중 중심지로, 중국 문화가 유입된 지역
  왕검성: 위만조선의 수도

  혀나샘의 꼭 나와!

  고조선은 한 무제의 침략으로 수도인 OOO이 함락되어 멸망하였다
  고조선멸망 후 한나라는 한반도에 O OO을 설치하였다

여러 나라의 성장 (기원전 1세기경~3세기경)

	부여	고구려
정치	사출도	제가회의
제천행사	영고(12월)	동맹(10월)
풍습	순장 1책 12법	서옥제 1책 12법
경제	반농반목	약탈경제

옥저	동예	삼한(마한, 변한, 진한)
읍군, 삼로	읍군, 삼로	신지, 읍차 천군(소도)
-	무천(10월)	계절제(5월, 10월)
민며느리제 가족공동묘	책화 족외혼	소도
해산물 소금	단궁, 과하마 반허피	철(변한)

혀니쌤의 "좀 더 들어가 볼까?"

1. 구석기와 신석기 유적지
   구석기 – 공주 석장리, 연천 전곡리 등
   신석기 – 서울 암사동, 부산 동삼동 등
   → 시대 구분!

2. 단군 신화
   구조 : 바람, 비, 구름 신하/ 곰과 호랑이 / 환웅과 웅녀결혼
   의미 : 농사가 중요 / 곰 vs 호랑이부족/ 하늘부족 + 곰부족
   → 농경사회, 신앙사회, 고조선의 정통성 표현

3. 삼한의 소도
   개념: 천군이 다스리는 제사 전용 구역, 군장도 침범 불가
   구조: 정치(군장) ≠ 제사(천군)
   → 제정 분리 사회의 대표 사례

"역포의
한국사"

2장 **삼국시대**와 **남북국시대**

삼국과 가야의 성립 (기원전 1세기~42년)

- **요약**

  고구려·백제·신라가 각 지역에서 성장하고, 가야는 연맹체로 발전했다

- **배경**

  고조선 멸망 후 철기 문화가 널리 퍼졌다
  여러 부족이 성장하며 연맹을 이루었다

- **핵심내용**

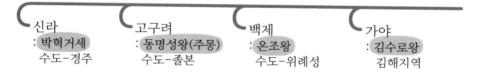

신라
: 박혁거세
수도-경주

고구려
: 동명성왕(주몽)
수도-졸본

백제
: 온조왕
수도-위례성

가야
: 김수로왕
김해지역

- **결과**

  삼국이 성립되며 중앙 집권 체제가 강화되었다
  서로 경쟁하며 영토를 넓히고 문화를 발전시켰다

- **인물**

  동명성왕, 온조왕, 박혁거세, 김수로왕

- **어휘**

  부족 연맹: 여러 부족이 결합하여 형성된 정치 집단
  가야 연맹: 김해 중심의 여러 가야 집단

  혀니쌤의 꼭 나와!

  고구려를 세운 왕으로, '주몽'이라고도 불리는 인물은 OOOO이다

  형 비류와 함께 남쪽으로 내려와 백제를 세운 사람은 OO이다

고구려의 성장과 발전 (1세기~4세기)

- **요약**

  고구려는 왕권을 강화하고 불교·율령을 도입해 국가 체제를 정비했다

- **배경**

  부족 연맹을 이루며 세력을 키우고 정치 체제를 갖추었다
  철기 문화를 바탕으로 군사력을 강화하며 국가로 발전했다

- **핵심내용**

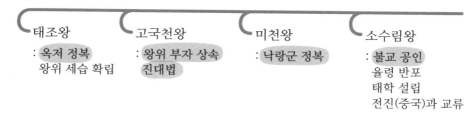

태조왕
: 옥저 정복
  왕위 세습 확립

고국천왕
: 왕위 부자 상속
  진대법

미천왕
: 낙랑군 정복

소수림왕
: 불교 공인
  율령 반포
  태학 설립
  전진(중국)과 교류

- 결과

  영토를 확장하며 강한 군사력을 갖춘 국가로 성장했다
  중앙 집권 체제를 완성하고 고유한 문화를 발전시켰다

- 인물

  태조왕, 고국천왕, 미천왕, 소수림왕

- 어휘

  왕위 부자 상속: 왕위가 아버지에서 아들로 이어지는 제도
  진대법: 농민을 돕기 위해 곡식을 빌려주고 수확 후 갚게 한 제도
  태학: 귀족 자제들에게 유교 교육을 가르치기 위해 설립한 국립 교육 기관

  혀니샘의 꼭 나와!

  불교를 받아들이고 율령을 반포한 고구려의 왕은 OOO왕이다

  고국천왕은 OOO을 시행하여 가난한 농민을 도왔다

백제의 성장과 발전 (3세기)

● 요약

　백제는 고이왕 때 율령을 반포하고 중앙 집권을 강화했다

● 배경

　한강 유역을 차지하며 경제와 외교를 발전시켰다.
　농업과 상업이 발달하며 점차 강한 국가로 성장했다.

● 핵심내용

　　율령 반포　　　　관등·관복 제도 정비　　마한 목지국 점령
　　　　　　　　　　　　　　　　　　　　　　:한반도 중부지역 차지

- 결과

  행정 체제가 정비되며 국가 운영이 안정되었다
  군사력을 강화하고 주변 지역으로 영토를 확장했다

- 인물

  고이왕

- 어휘

  율령 반포: 나라의 법과 규범을 정하여 통치 체제를 정비
  관등 제도: 관리의 직급을 정해 지위와 역할을 구분하는 제도
  관복 제도: 관리의 지위에 따라 정해진 옷을 입게 한 제도

> **혀니샘의 꼭 나와!**
>
> ○○○은 백제에서 처음으로 관등제와 관복제를 만들었다
>
> 백제의 신하들에게 지위와 역할을 나누기 위해 만든 제도는 ○○ ○○이다

신라의 성장과 발전 (4세기~6세기)

● **요약**

신라는 왕권을 강화하고 율령을 반포하며 중앙집권을 확립했다

● **배경**

산악 지형을 바탕으로 방어력을 키우며 왕권을 강화했다
고구려의 영향을 받으며 군사력을 키우고 정치 체제를 정비했다

내물마립간
: 마립간 칭호 사용
 김씨 왕위 세습
 왜군격퇴
 (광개토대왕의 도움)

눌지마립간
: 왕위 부자 상속 확립

지증왕
: 신라 국호 확정
 '왕' 칭호 사용
 우경 실시
 우산국 정복
 (이사부장군)

법흥왕
: 불교 공인
 율령 반포
 병부·상대등 설치
 금관가야 병합
 연호 사용 (건원)

- 결과

  왕권이 강화되며 중앙 집권 국가로 성장했다
  군사력을 키우고 주변 세력과 경쟁하며 영토를 확장했다

- 인물

  내물마립간, 눌지마립간, 지증왕, 법흥왕

- 어휘

  우경: 소를 이용해 논밭을 가는 농사법으로 농업 생산력을 높임
  병부: 신라의 군사 업무를 담당한 관청
  상대등: 신라에서 귀족 세력을 대표한 최고 관직

  혀니샘의 꼭 나와!

  OOO은 신라에서 율령을 반포하고 불교를 공인한 왕이다

  신라라는 나라 이름(국호)을 처음 사용한 왕은 OOO이다

백제의 전성기 (4세기)

● 요약

근초고왕 때 영토를 확장하고 해상 교역을 활발히 하며 전성기를 맞이했다

● 배경

중앙 집권 체제가 강화되며 정치가 안정되고 왕권이 강해졌다
고구려와의 대립 속에서 군사력을 키우고 중국과 왜와 교류를 확대했다

● 핵심내용

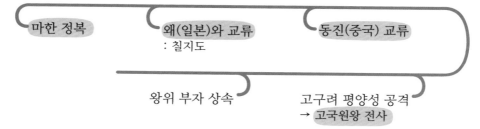

마한 정복

왜(일본)와 교류
: 칠지도

동진(중국) 교류

왕위 부자 상속

고구려 평양성 공격
→ 고국원왕 전사

- 결과

  남진 정책으로 한반도 중부까지 영토를 확장하며 강대국이 되었다
  중국의 남북조와 외교를 강화하며 경제와 문화를 발전시켰다

- 인물

  광개토대왕, 장수왕, 개로왕(백제)

- 어휘

  광개토대왕릉비: 광개토대왕의 정복 활동과 업적을 기록한 비석
  천도: 수도를 옮기는 것
  연호: 왕이나 황제가 나라의 시간을 세기 위해 만든 연대 표기

  혀니샘의 꼭 나와!

  OOO OO은 고구려와 신라의 관계를 알 수 있는 유물이다

  고구려가 한반도 남쪽으로 세력을 넓히기 위해 펼친 정책은 OOOO 이다

39

신라의 전성기 (6세기)

- **요약**

  진흥왕 때 신라는 한강을 차지하고 영토를 확장하며 강력한 국가로 성장했다

- **배경**

  고구려와 백제의 압박 속에서 신라는 군사력을 키우고 왕권을 강화했다
  나제 동맹을 맺어 백제와 함께 고구려에 대항하며 세력을 넓혔다

- **핵심내용**

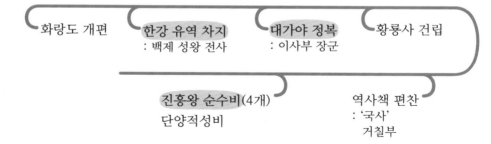

화랑도 개편

한강 유역 차지
: 백제 성왕 전사

대가야 정복
: 이사부 장군

황룡사 건립

진흥왕 순수비 (4개)
단양적성비

역사책 편찬
: '국사'
　거칠부

- 결과

  영토를 확장하며 한반도 남부를 장악하고 중앙 집권 체제를 강화했다
  문화와 불교를 발전시키고 국가 조직을 정비하며 통일의 기반을 마련했다

- 인물

  진흥왕, 성왕(백제), 거칠부

- 어휘

  순수: 왕이 정복한 영토를 직접 돌아보는 일
  화랑도: 신라의 청년 조직으로, 무예와 학문을 익히며 국가에 충성하도록 교육함

혀니샘의 꼭 나와!

OOO OOO는 신라의 진흥왕이 영토를 확장한 후 세운 기념비이다

신라에서 청년들에게 무예와 학문을 교육한 조직은 OOO 이다

백제의 중흥기 (6세기)

● **요약**

무령왕과 성왕은 백제의 국력을 회복하고 체제를 정비하며 중흥을 이끌었다.

● **배경**

고구려 장수왕의 공격으로 한강 유역을 빼앗기고 수도를 웅진(공주)으로 옮겼다
왕권이 약해지고 귀족 세력이 강해지면서 정치적 혼란이 지속되었다

● **핵심내용**

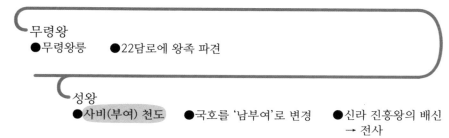

무령왕
● 무령왕릉 ● 22담로에 왕족 파견

성왕
● 사비(부여) 천도 ● 국호를 '남부여'로 변경 ● 신라 진흥왕의 배신
→ 전사

- 결과
  백제는 국력이 약화되었고 신라와의 경쟁에서 점점 불리해졌다

- 인물
  무령왕, 성왕, 진흥왕(신라)

- 어휘
  22담로: 무령왕이 지방 통치를 강화하기 위해 왕족을 파견한 지역

혀니샘의 꼭 나와!

백제의 무령왕이 지방 통치를 강화하기 위해 왕족을 파견한 곳은 ○○○○이다
백제의 수도는 한성이었다가 웅진으로 옮겨지고, 이후 ○○로 다시 옮겨졌다

가야 연맹의 해체 (562년)

- **요약**

  신라가 대가야를 정복하며 가야 연맹이 완전히 해체되었다

- **배경**

  고구려, 백제, 신라가 성장하며 가야의 세력이 약해졌다
  신라의 정복 시도와 내부 갈등으로 가야의 저항력이 약해졌다

- **핵심내용**

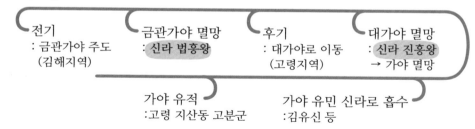

전기
: 금관가야 주도
(김해지역)

금관가야 멸망
: 신라 법흥왕

후기
: 대가야로 이동
(고령지역)

대가야 멸망
: 신라 진흥왕
→ 가야 멸망

가야 유적
:고령 지산동 고분군

가야 유민 신라로 흡수
:김유신 등

- 결과

  신라가 가야를 완전히 병합하며 한반도 남부의 패권을 차지했다
  가야의 철기 문화와 기술이 신라에 전해져 국가 발전에 영향을 주었다

- 인물

  법흥왕, 진흥왕, 김유신

- 어휘

  유민: 전쟁이나 재해로 삶의 터전을 잃고 떠돌아다니는 사람들
  고분: 왕이나 귀족 등의 무덤으로, 당시의 문화와 생활을 보여주는 유적
  패권: 나라나 집단이 다른 세력을 압도하며 가지는 지배력 또는 영향력

  혀니샘의 꼭 나와!

  가야 연맹에서 후기에 가장 강한 세력을 가졌던 나라는 ○○○이다

  가야 연맹에서 초기에는 ○○○○가 가장 강했다

고구려 vs 수,당 전쟁 (598년~668년)

● 요약

고구려가 수나라와 당나라의 침략을 방어하며 국제적 위상을 높였다

● 배경

수나라가 중국을 통일하며 한반도까지 세력을 확장하려 했다
고구려는 요동을 지키며 방어를 강화하고 전쟁에 대비했다

● 핵심내용

vs수나라
: 살수 대첩
(을지문덕)

천리장성 축조
: 연개소문

vs 당나라
: 안시성 전투
(양만춘)

- **결과**

  계속된 전쟁으로 고구려의 국력이 약해졌다

  연개소문이 권력을 장악하고 무단 독재 정치를 펼쳤다

- **인물**

  을지문덕, 양만춘, 연개소문

- **어휘**

  축조: 성벽이나 건물 등을 쌓아 만드는 것

혀니샘의 꼭 나와!

수나라의 군대를 크게 물리친 OOOO은 살수 대첩을 승리로 이끌었다

당나라의 침략에 맞서 고구려 군이 승리한 전투는 OOO OO이다

백제의 멸망 (660년)

● 요약

나·당 연합군이 백제를 공격하여 사비성을 함락시키며 백제가 멸망했다

● 배경

나·당 연합군이 결성되며 백제는 고립되었다
귀족 간의 권력 다툼과 의자왕의 실정으로 국력이 약해졌다

● 핵심내용

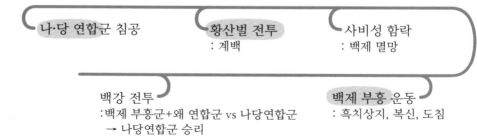

나·당 연합군 침공

황산벌 전투
: 계백

사비성 함락
: 백제 멸망

백강 전투
: 백제 부흥군+왜 연합군 vs 나당연합군
→ 나당연합군 승리

백제 부흥 운동
: 흑치상지, 복신, 도침

- 결과

  나·당 연합군의 공격을 받고 사비성이 함락되며 멸망했다

  백제 부흥 운동이 일어났으나 결국 실패하고 백제는 완전히 사라졌다

- 인물

  의자왕, 계백, 김유신(신라), 흑치상지, 복신, 도침

- 어휘

  연합: 둘 이상의 세력이 힘을 합쳐 공동의 목표를 이루는 것

  부흥: 약해진 나라나 조직이 다시 강해지는 것

혀니샘의 꼭 나와!

계백이 이끄는 백제군과 김유신이 이끄는 신라군이 맞붙은 전투는 OOO전투이다

백제 부흥군과 일본군이 신라-당 연합군에게 패배한 전투는 OO전투이다

49

고구려의 멸망 (668년)

● **요약**

나·당 연합군이 평양성을 함락하며 고구려가 멸망했다

● **배경**

계속된 전쟁과 당나라의 압박으로 국력이 약해졌다
연개소문 사후 권력 다툼과 내부 혼란이 심해졌다

● **핵심내용**

나·당 연합군 침공

평양성 함락
: 고구려 멸망

고구려 부흥 운동
: 검모잠, 안승

보덕국
: 신라로 망명한
안승이 세운 나라

- 결과

  나·당 연합군의 공격을 받아 평양성이 함락되며 멸망했다

  고구려 부흥 운동이 일어났으나 결국 실패하고 당의 지배를 받았다

- 인물

  보장왕, 연개소문, 검모잠, 안승

- 어휘

  사후: 사람이 죽은 뒤의 때

  망명: 정치적 이유로 자기 나라를 떠나 다른 나라로 피하는 것

혀니샘의 꼭 나와!

당나라 군대의 공격으로 OOO이 함락되고 고구려가 멸망하였다

고구려가 멸망한 후, 부흥을 위해 OOO과 안승이 저항하였다

나당전쟁 및 삼국통일 (670년~676년)

● **요약**

신라가 당나라와 전쟁을 벌여 삼국 통일을 완성했다

● **배경**

당이 한반도 지배를 시도하며 신라와 충돌이 발생했다
백제와 고구려 땅에 도독부를 설치하며 신라를 압박했다

● **핵심내용**

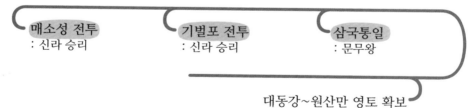

매소성 전투
: 신라 승리

기벌포 전투
: 신라 승리

삼국통일
: 문무왕

대동강~원산만 영토 확보

- 결과

  신라는 한반도 남부를 차지하며 통일 왕국이 되었다
  당의 세력을 몰아내고 독자적인 정치 체제를 확립했다

- 인물

  문무왕

- 어휘

  도독부: 당나라가 정복한 지역을 다스리기 위해 설치한 행정 기구

혀니샘의 꼭 나와!

신라가 당나라 군대를 물리치고 삼국 통일을 완성한 전투는 OOO전투이다

삼국 통일을 이루고, 바다에서 용이 되어 나라를 지키겠다고 한 왕은 OOO이다

김흠돌의 난 (681년)

● **요약**

김흠돌은 신라 왕위 계승권을 주장하며 반란을 일으켰으나 실패했다

● **배경**

신문왕이 왕권 강화를 추진하며 귀족 세력을 견제했다
강한 왕권에 반발한 김흠돌을 비롯한 귀족들이 불만을 가졌다

● **핵심내용**

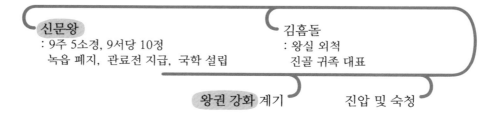

신문왕
: 9주 5소경, 9서당 10정
녹읍 폐지, 관료전 지급, 국학 설립

김흠돌
: 왕실 외척
진골 귀족 대표

왕권 강화 계기

진압 및 숙청

- 결과

  신문왕이 반란을 진압하고 김흠돌 세력을 숙청했다
  귀족 세력이 약화되고 왕권이 더욱 강화되었다

- 인물

  신문왕, 김흠돌

- 어휘

  녹읍: 신라에서 관리에게 준 토지로, 세금과 노동력을 받을 수 있었음
  관료전: 신문왕이 관리에게 준 토지로, 세금만 받을 수 있었음
  국학: 신문왕 때 설립된 교육 기관으로, 유학을 가르침

  혀니샘의 꼭 나와!

  OOO은 신라에서 국학을 설립하고 중앙집권을 강화한 왕이다

  신문왕때 귀족 세력이 왕권을 위협하며 일으킨 반란은 OOOO O이다

김헌창의 난 (822년)

● **요약**

김헌창은 헌덕왕 시기 신라 왕위 계승에 불만을 품고 반란을 일으켰으나 실패했다

● **배경**

진골 귀족 간 왕위 다툼이 이어지며 정치가 불안해졌다
김헌창이 왕위 계승에서 밀려나 불만을 품고 반란을 준비했다

● **핵심내용**

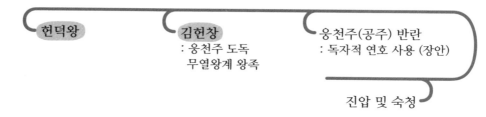

헌덕왕

김헌창
: 웅천주 도독
　무열왕계 왕족

웅천주(공주) 반란
: 독자적 연호 사용 (장안)

진압 및 숙청

- 결과

  반란이 진압되며 김헌창 세력이 제거되고 왕권이 강화되었다
  귀족 간 대립이 심화되며 이후에도 반란이 계속 발생했다

- 인물

  헌덕왕, 김헌창

- 어휘

  진골: 신라에서 왕족 출신의 최고 신분 계층
  도독: 지방을 다스리기 위해 임명된 관리

  혀니쌤의 꼭 나와!

  OOO은 왕권을 강화하려 했지만, 지방 세력의 반란으로 어려움을 겪었다.

  헌덕왕 때 신라의 중앙집권 체제가 흔들리는 계기가 된 사건은 OOOO O이다

원종·애노의 난 (889년)

- **요약**

  원종과 애노는 진성여왕 때 탐관오리의 수탈에 반발해 반란을 일으켰으나 실패했다

- **배경**

  신라 후기에 중앙 정부의 통제력이 약해지고 사회가 혼란스러워졌다
  농민들이 세금과 노동 부담에 시달리며 불만이 커졌다

- **핵심내용**

  농민 주도   조세 수탈   호족 성장
                                  : 중앙 통제력 약화
                                    지방 세력 강화

                         후삼국 시대 배경

58

- 결과

    반란이 진압되었지만 이후 지방에서 반란이 계속 발생했다
    신라의 왕권이 더욱 약해지며 후삼국 시대로 이어졌다

- 인물

    진성여왕, 원종, 애노

- 어휘

    탐관오리: 백성들에게 부당하게 세금을 거두거나 권력을 남용하는 관리
    조세 수탈: 정부나 관리가 백성들에게 지나치게 많은 세금이나 노동을 강요하는 것
    호족: 신라 말기에 지방에서 독자적으로 세력을 키운 유력한 가문이나 세력가

    혀니샘의 꼭 나와!

    신라 말기, 농민과 노비들이 힘을 합쳐 OO·OOO O을 일으켰다

    신라 말기에 중앙의 힘이 약해지고, 지방에서 힘을 키운 OO들이 등장했다

발해 (698년~926년)

● **요약**

발해는 해동성국이라 불릴만큼 발전했으나 거란의 침략으로 멸망했다

● **배경**

고구려 멸망 후 유민과 말갈 세력이 대조영을 중심으로 결집했다
당의 지배에 반발하며 독립적인 국가를 세우려는 움직임이 강해졌다

● **핵심내용**

대조영
: 발해 건국

무왕
: 당나라 공격 (장문휴)
연호 사용(인안)

문왕
: 당나라 문물 수용 (3성 6부제)
연호 사용(대흥), 주자감 설치

선왕
: 해동성국
지방 행정제도 (5경 15부 62주)
연호 사용(건흥)

- **결과**

  거란의 침략으로 발해가 멸망하고 유민들이 여러 지역으로 흩어졌다
  일부 유민은 고려로 망명하며 고려의 사회와 문화에 영향을 주었다

- **인물**

  대조영, 무왕, 장문휴, 문왕, 선왕

- **어휘**

  주자감: 발해의 최고 교육 기관으로, 관리 양성을 위해 유학을 가르침
  해동성국: 발해가 전성기를 이루며 동아시아에서 강대국으로 불린 칭호

혀니샘의 꼭 나와!

발해가 전성기를 맞이하며 당나라 사람들이 발해를 ○○○○이라 불렀다

발해에서는 유학 교육을 위해 ○○○을 설립하여 인재를 양성했다

혀니쌤의 "좀 더 들어가 볼까?"

1. 통일신라 원효 vs 의상
　원효: 불교 대중화 / 아미타 신앙 / 일심사상 / 불교의 일체화
　의상: 화엄종 / 부석사 창건 / 화엄 사상 / 왕권 뒷받침
　→ 불교 통합 vs 체계화

2. 신라 골품제와 6두품
　골품제: 신라 고유의 폐쇄적인 신분제 / 관직·복식·집크기 제한
　6두품: 행정·학문 담당 / 호족과 결탁해 고려 건국
　→ 신라 사회의 경직성 + 한계 드러냄

3. 최치원의 시무 10여조
　내용: 골품제 폐단 비판, 유교 정치 강조, 인재 등용, 불교 개혁 요구
　결과: 진성여왕이 받아들이지 않음
　→ 유교적 개혁 사상 등장, 신라 말 몰락의 지식인 경고

"역포의
한국사"

3장 **후삼국시대**와 **고려**

고려 왕조
연표

태조 → 혜종 → 정종 → 광종
고려건국
후삼국통일
훈요10조

과거제도
노비안검법

정종 → 문종 → 순종 → 선종
노비종모법
천리장성 완성
장자상속법

경정전시과

명종 → 신종 → 희종 → 강종
망이.망소이의 난

만적의 난

충혜왕 → 충목왕 → 충정왕 → 공민왕
정치도감

전민변정도감
정동행성 폐지
쌍성총관부 공격

경종 ▷ 성종 ▷ 목종 ▷ 현종 ▷ 덕종

시정전시과

성종
거란1차침입
시무28조
12목

목종
개정전시과

현종
거란2차, 3차 침입
초조대장경

덕종
국자감시

현종 ▷ 숙종 ▷ 예종 ▷ 인종 ▷ 의종

숙종
은병
해동통보
별무반

예종
여진정벌
양현고

인종
이자겸의 난
묘청의 난
삼국사기

의종
무신정변

고종 ▷ 원종 ▷ 충렬왕 ▷ 충선왕 ▷ 충숙왕

고종
몽골침입
팔만대장경

원종
개경환도
삼별초항쟁

충렬왕
원간섭기 시작
삼국유사

우왕 ▷ 창왕 ▷ 공양왕

우왕
위화도회군

공양왕
과전법

후삼국 시대 형성 (900년~901년)

● 요약

통일 신라 말기 지방 세력이 성장하며 후삼국 시대가 형성되었다

● 배경

신라 말기 왕권이 약해지고 지방 호족들이 독립적으로 세력을 키웠다
농민 반란이 확산되며 중앙 정부의 통제력이 약해지고 새로운 세력이 등장했다

● 핵심내용

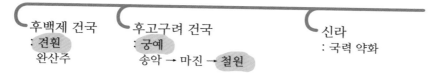

후백제 건국
: 견훤
완산주

후고구려 건국
: 궁예
송악 → 마진 → 철원

신라
: 국력 약화

- 결과

  후고구려, 후백제, 신라가 각자의 세력을 형성하며 대립이 심화되었다

  전쟁과 혼란 속에서 고려가 점차 세력을 키우며 통일의 주도권을 잡았다

- 인물

  견훤, 궁예

- 어휘

  호족: 신라 말기에 지방에서 독자적인 세력을 형성한 지배층

혀니쌤의 꼭 나와!

신라 말기, 완산주(전주)에서 ㅇㅇ이 후백제를 세웠다

후고구려를 세운 궁예가 나중에 수도를 ㅇㅇ으로 옮겼다

고려 건국과 후삼국 통일 (918년~936년)

● 요약

왕건이 고려를 건국하고 후삼국을 통일하며 새로운 왕조를 세웠다

● 배경

신라의 왕권이 약해지고 지방 호족들이 독립적으로 세력을 키웠다
궁예의 후고구려가 내분으로 혼란에 빠지자 왕건이 고려를 세웠다

● 핵심내용

고려 건국
: 왕건, 송악 천도

공산 전투
: 후백제 대승

고창 전투
: 고려 승리

일리천 전투
: 후백제 멸망

신라 항복
: 경순왕이 고려에 귀순

후백제 내분
: 신검 vs 견훤 갈등,
금산사 유폐, 견훤 고려 귀순

- 결과

  고려가 신라와 후백제를 흡수하며 한반도를 통일했다

  중앙 집권 체제를 정비하고 호족과의 타협을 통해 새로운 질서를 구축했다

- 인물

  궁예, 왕건, 견훤, 신검

- 어휘

  유폐: 죄인이나 왕족을 특정한 곳에 가둬 두는 것

  귀순: 적이나 다른 세력에서 넘어와 복종하는 것

혀니샘의 꼭 나와!

고려가 OOO OO에서 후백제 군을 무찌르고 한반도를 통일했다

궁예를 몰아내고 고려를 세운 인물은 OO이다

태조 왕건 (918년~943년)

- **요약**

  태조 왕건은 민생 안정을 도모하고 북진 정책을 추진했다

- **배경**

  후삼국 통일 후 고려는 지방 호족들의 세력이 강한 상태였다
  새로운 나라의 질서를 잡기 위해 왕건이 호족과 화합하는 정책을 펼쳤다

- **핵심내용**

  민족통합
  : 후백제 + 신라 + 발해

  호족 정책
  : 정략결혼, 사성정책,
  사심관제도, 기인제도

  훈요십조
  : 북진 정책,
  서경(평양)중시

  민생안정
  : 조세감면정책,
  흑창(=고구려 진대법) 설치

- **결과**

  호족을 포섭하며 지방 분권적 질서를 유지하면서도 중앙 집권을 강화했다

  북진 정책을 추진하여 발해 유민을 받아들이고 영토 확장을 시도했다

- **인물**

  왕건

- **어휘**

  사성정책: 왕이 공을 세운 호족에게 왕씨 성을 내려 포섭하는 정책

  사심관제도: 지방 호족을 지방관으로 임명해 그 지역을 다스리게 한 제도

  기인제도: 지방 호족의 자제를 수도에 머물게 하여 중앙에서 통제하는 제도

  혀니샘의 꼭 나와!

  고려 태조가 호족을 회유하기 위해 그들에게 왕씨 성을 하사한 정책은 ○○○○이다

  태조 왕건이 빈민을 구제하기 위해 세운 기관은 ○○이다

광종 (949년~975년)

● 요약

광종은 왕권 강화를 위해 노비안검법을 시행하고 과거제를 도입했다

● 배경

태조 왕건이 후삼국을 통일했지만 여전히 호족 세력이 강했다
왕권 강화를 위해 광종이 개혁을 추진하며 중앙 집권을 강화하려 했다

● 핵심내용

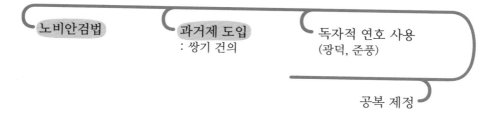

노비안검법

과거제 도입
: 쌍기 건의

독자적 연호 사용
(광덕, 준풍)

공복 제정

- 결과

  노비안검법을 실시해 호족의 경제력을 약화시키고 왕권을 강화했다
  과거제를 도입하여 능력 있는 인재를 등용하며 새로운 관료 체제를 만들었다

- 인물

  광종, 쌍기

- 어휘

  노비안검법: 불법적으로 노비가 된 사람을 해방시켜 호족의 세력을 약화한 법
  과거제: 관리 선발을 위해 시험을 통해 인재를 등용한 제도
  공복: 관료들의 지위에 따라 정해진 옷을 입게 한 제도

  혀니샘의 꼭 나와!

  고려 광종은 왕권 강화를 위해 OOOOO을 실시하여 호족의 노비를 해방시켰다
  고려 광종 때 과거제를 건의하여 시행하도록 한 사람은 OO이다

성종(981년~997년)

● **요약**

성종은 중앙집권 강화를 위해 시무 28조를 채택하고 유교 정치 기반을 마련했다

● **배경**

광종의 개혁으로 왕권이 강화되었지만 중앙 통치 체제가 아직 미완성 상태였다
성종이 유교 정치 이념을 바탕으로 중앙 집권 체제를 정비하려 했다

● **핵심내용**

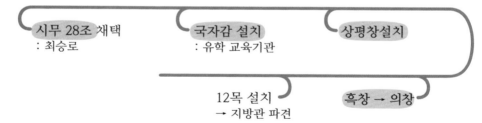

시무 28조 채택
: 최승로

국자감 설치
: 유학 교육기관

상평창 설치

12목 설치
→ 지방관 파견

흑창 → 의창

● 결과

지방 행정 조직이 정비되며 고려의 중앙 집권 체제가 강화되었다
유교적 통치 기반이 마련되며 관료 중심의 정치가 확립되었다

● 인물

성종, 최승로

● 어휘

시무 28조: 최승로가 올린 유교 정치 개혁안
12목: 지방 통치를 강화하기 위해 설치한 행정 구역
상평창: 물가 조절과 빈민 구제를 위해 만든 기관

혀니샘의 꼭 나와!

성종은 최승로의 OO OOO를 받아들여 유교 정치 이념을 강화했다
성종은 지방 통치를 강화하기 위해 전국에 OO목을 설치했다

75

고려 vs 거란 1차 전쟁 (993년)

- **요약**

  거란이 고려를 침략했으나 서희가 외교 담판을 벌여 전쟁 없이 강동 6주를 획득했다

- **배경**

  거란이 고려와 송나라의 관계를 견제하며 고려에 조공을 요구했다
  고려가 이를 거부하고 북방 방어를 강화하자 거란이 침략을 감행했다

- **핵심내용**

  거란 1차 침입

  서희 외교 담판
  : 강동6주

● 결과

거란의 침입에 대비하여 북방 지역의 방어 체제를 강화했다
압록강 유역까지 영토를 넓히며 고려의 국방력이 더욱 강화되었다

● 인물

서희, 소손녕, 성종(고려)

● 어휘

강동 6주: 고려가 거란과의 협상으로 획득한 압록강 인근 여섯 개 지역
외교 담판: 전쟁 없이 협상을 통해 문제를 해결하는 외교적 협상 방식

혀니샘의 꼭 나와!

고려 성종 때 거란이 침입했을 때, 고려의 OO가 담판을 벌여 강동 6주를 확보했다

77

고려 vs 거란 2차 전쟁 (1010년)

- **요약**

  거란이 고려를 재침략했으나 양규가 강감찬과 함께 거란군을 격퇴하였다

- **배경**

  고려가 강동 6주를 확보하며 거란과의 긴장이 더욱 심화되었다
  거란이 고려의 친송 정책을 문제 삼으며 2차 침입을 감행했다

- **핵심내용**

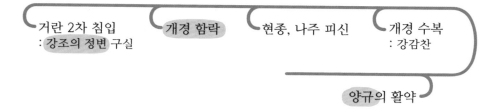

거란 2차 침입
: 강조의 정변 구실

개경 함락

현종, 나주 피신

개경 수복
: 강감찬

양규의 활약

- 결과

  거란의 재침략에 대비해 국방 체제를 더욱 강화했다

  개경에 나성을 축조하고 국경 지역에 천리장성을 쌓았다

- 인물

  강조, 강감찬, 양규, 현종(고려)

- 어휘

  함락: 성이나 지역이 적의 공격으로 무너지고 점령당하는 것

  수복: 빼앗긴 땅이나 성을 다시 되찾는 것

  나성: 개경의 외곽에 쌓은 성으로, 수도 방어를 강화하기 위한 시설

혀니쌤의 꼭 나와!

OO가 정변을 일으켜 목종을 폐위하고 현종을 왕으로 세웠다

거란의 2차 침입에서 OO가 고려군을 이끌고 활약하였다

고려 vs 거란 3차 전쟁 (1018년~1019년)

- **요약**

  강감찬이 귀주 대첩에서 거란군을 크게 격파하며 고려의 승리를 이끌었다

- **배경**

  1·2차 전쟁에서 거란이 원하는 결과를 얻지 못하며 고려를 압박했다
  고려가 송나라와 계속 교류하자 거란이 이를 견제하며 3차 침입을 단행했다

- **핵심내용**

  거란 3차 침입   귀주 대첩
                                       : 강감찬

80

- **결과**

  거란의 침략이 완전히 끝나고 고려와의 평화가 유지되었다
  고려는 국경 방어를 강화하며 천리장성을 완성했다

- **인물**

  강감찬, 현종(고려)

- **어휘**

  대첩: 큰 전투에서 크게 승리하는 것
  천리장성: 고려가 거란과 여진의 침입을 막기 위해 북쪽 국경에 쌓은 성

  혀니샘의 꼭 나와!

  고려의 강감찬이 거란군을 격퇴한 대표적인 전투는 OO OO 이다

고려 vs 여진 전쟁(1107년)

● **요약**

고려는 여진의 침입에 맞서 윤관의 별무반을 통해 동북 9성을 확보하였다

● **배경**

여진족이 성장하며 고려의 북방 국경을 지속적으로 침략했다
거란과의 전쟁이 끝난 후 고려가 북방 개척을 추진하며 대응했다

● **핵심내용**

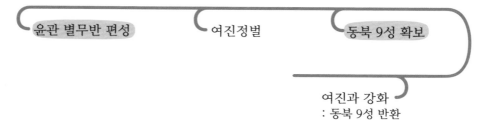

윤관 별무반 편성 여진정벌 동북 9성 확보

여진과 강화
: 동북 9성 반환

- **결과**

  여진이 힘을 키워 고려를 압박하며 금을 건국했다

  이자겸 등이 정권 유지를 위해 금의 사대 요구를 받아들이며 외교적으로 약화되었다

- **인물**

  윤관, 이자겸

- **어휘**

  별무반: 윤관이 여진 정벌을 위해 조직한 고려의 특수 군대

  동북 9성: 고려가 여진을 정벌한 후 북방에 쌓은 9개의 성

  사대 관계: 한 나라가 더 강한 나라를 섬기며 외교적으로 따르는 관계

  혀니샘의 꼭 나와!

  고려 숙종 때 여진을 정벌하기 위해 윤관이 조직한 군대는 ○○○이다

  ○○○ 등은 금나라의 사대 요구를 수용해 안정적인 권력을 유지했다

이자겸의 난 (1126년)

● **요약**

이자겸이 권력을 장악하기 위해 반란을 일으켰으나 실패하였다

● **배경**

이자겸이 외척 세력을 키우며 권력을 독점했다
금의 사대 요구를 받아들이며 정치적 반발이 커졌다

● **핵심내용**

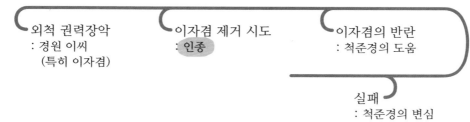

외척 권력장악
: 경원 이씨
(특히 이자겸)

이자겸 제거 시도
: 인종

이자겸의 반란
: 척준경의 도움

실패
: 척준경의 변심

- **결과**

  이자겸이 실각하며 왕권이 회복되었지만 귀족 간 대립이 심해졌다
  문벌 귀족의 권력 다툼이 계속되며 무신정변의 배경이 되었다

- **인물**

  인종(고려), 이자겸, 척준경

- **어휘**

  외척: 왕의 외가 친척으로 권력을 가진 집안
  반란: 정부나 지배자에 대항하여 무력으로 저항하는 행위

혀니샘의 꼭 나와!

고려 인종 때 ○○○이 권력을 독점하며 나라를 혼란스럽게 만들었다

묘청의 서경 천도 운동 (1135년)

- **요약**

  묘청이 서경 천도를 주장하며 반란을 일으켰으나 김부식의 진압으로 실패했다

- **배경**

  개경 중심의 문벌 귀족이 권력을 독점하며 왕권이 약화되었다
  서경 세력이 금에 맞서 자주적 정책을 추진하며 왕권 강화를 주장했다

- **핵심내용**

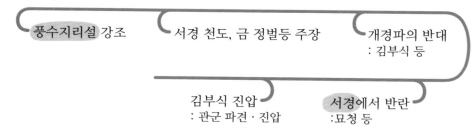

풍수지리설 강조

서경 천도, 금 정벌등 주장

개경파의 반대
: 김부식 등

김부식 진압
: 관군 파견 · 진압

서경에서 반란
: 묘청 등

- 결과

  문벌 귀족의 권력이 더욱 강해지고 개경 중심의 정치가 유지되었다
  보수적인 사대 외교가 강화되며 고려의 자주성이 더욱 약화되었다

- 인물

  묘청, 김부식, 인종(고려)

- 어휘

  서경: 고려의 두 번째 수도로, 현재의 평양 지역
  풍수지리설: 땅의 기운이 나라의 운명에 영향을 준다고 보는 사상
  진압: 반란이나 저항을 무력으로 막아 평정을 이루는 것

혀니샘의 꼭 나와!

묘청의 난을 진압하고 『삼국사기』를 편찬한 인물은 ○○○이다

무신정변(1170년)

● 요약

문벌 귀족 중심의 정치를 무신들이 타도하며 무신 정권이 수립되었다

● 배경

문벌 귀족이 권력을 독점하며 무신들을 차별했다
의종이 사치와 향락에 빠지며 정치 혼란이 심화되었다

● 핵심내용

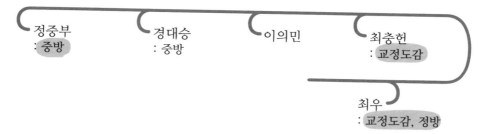

정중부
: 중방

경대승
: 중방

이의민

최충헌
: 교정도감

최우
: 교정도감, 정방

- 결과

  무신들이 권력을 다투며 정권이 불안정해졌다
  농민과 천민의 반란이 전국적으로 확산되었다

- 인물

  의종(고려), 정중부, 이의방, 최충헌, 최우

- 어휘

  중방: 고려 무신 정권 시기, 무신들이 권력을 행사하던 회의 기구
  교정도감: 최충헌이 설치한 최고 권력 기관으로, 국가의 모든 정치를 총괄함
  정방: 최우가 설치한 인사 관리 기구로, 관리 임명을 담당함

  혀니샘의 꼭 나와!

  최충헌이 국정을 장악하기 위해 설치한 최고 권력 기구는 OOOO이다
  고려에서 OOOO이 일어나 무신들이 정권을 장악했다

89

망이·망소이의 난 (1176년~1177년)

● 요약

공주 명학소에서 망이·망소이가 신분 해방을 요구하며 봉기했다

● 배경

무신 정권이 지방에서 세금과 노동력을 강하게 수탈했다
공주 명학소의 노비들이 과중한 부담과 신분 차별에 반발했다

● 핵심내용

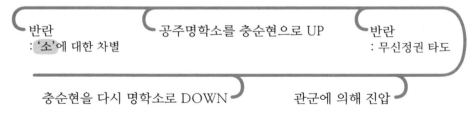

반란
　: '소'에 대한 차별

공주명학소를 충순현으로 UP

반란
　: 무신정권 타도

충순현을 다시 명학소로 DOWN

관군에 의해 진압

- **결과**

  농민과 천민의 불만이 계속 커지며 전국적으로 반란이 확산되었다
  무신 정권의 통제력이 약해지며 사회 혼란이 더욱 심화되었다

- **인물**

  망이, 망소이, 명종(고려)

- **어휘**

  명학소: 고려 시대 공주에 있던 향·부곡보다 낮은 신분의 사람들이 거주하던 행정 구역
  소: 고려 시대 수공업이나 특산물을 생산하던 특수 행정 구역

혀니샘의 꼭 나와!

고려 명종, 공주 명학소에서 ○○와 망소이가 신분 차별에 맞서 반란을 일으켰다
고려에서는 일반 군현 외에도 향·부곡·○와 같은 특수 행정 구역이 존재했다

만적의 난 (1198년)

● **요약**

최충헌의 사노비였던 만적이 개경에서 신분 해방을 목표로 봉기했으나 실패했다

● **배경**

무신 정권이 계속되며 신분 차별과 노비에 대한 억압이 심해졌다
개경의 노비들은 지배층이 무신으로 바뀌는 것을 보며 신분 해방의 가능성을 느꼈다

● **핵심내용**

반란
: 개경

사전 발각
→ 실패

왕후장상에 씨가 따로 있나

- 결과

  노비 해방 운동이 좌절되었지만 사회 변화에 대한 의식이 확산되었다

  이후에도 농민과 노비의 저항이 계속되며 신분제 불만이 커졌다

- 인물

  만적, 최충헌

- 어휘

  사노비: 개인이 소유한 노비로, 주인의 재산처럼 취급되었다

  왕후장상: 왕, 제후, 장군, 재상을 뜻하며 높은 지위를 가진 사람들을 의미함

 혀니샘의 꼭 나와!

고려 최충헌의 사노비였던 ○○이 개경에서 신분 해방을 외치며 반란을 계획했다

고려 vs 몽골 전쟁(1231년~1270년)

- **요약**

  고려가 몽골 침략에 맞서 강화도로 천도하고 항전했으나 결국 항복하였다.

- **배경**

  최씨 무신 정권기에 고려의 국력이 약해졌다
  몽골이 거란을 정벌한 후 고려에 조공을 요구하며 압박했다

- **핵심내용**

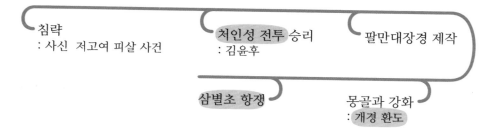

침략
: 사신 저고여 피살 사건

처인성 전투 승리
: 김윤후

팔만대장경 제작

삼별초 항쟁

몽골과 강화
: 개경 환도

- 결과

  몽골의 침략이 계속되며 고려의 국토가 황폐화되었다
  백성들의 피해가 커지고 내부 불만이 증가하며 정권이 흔들렸다

- 인물

  김윤후, 저고여, 살리타

- 어휘

  사신: 다른 나라에 보내는 공식적인 외교 사절
  강화: 전쟁을 멈추고 평화를 위해 서로 협의하는 것
  환도: 천도했던 수도를 원래 자리로 다시 옮기는 것

  혀니샘의 꼭 나와!

  몽골의 침략을 피하기 위해 고려는 개경에서 ○○○로 수도를 옮겼다
  몽골의 침입 당시 처인성 전투에서 몽골 장수 살리타를 사살한 고려의 장군은 ○○○이다

삼별초의 항쟁 (1270년~1273년)

● **요약**

삼별초가 고려 정부의 항복에 반대하며 대몽 항쟁을 이어갔다

● **배경**

고려가 몽골과의 강화에 응하며 항전을 중단했다
몽골과의 오랜 전쟁으로 고려 내부에서 반몽 여론이 강했다

● **핵심내용**

강화도　　　진도로 이동
　　　　　　 : 배중손 전사　　　 제주도로 이동
　　　　　　　　　　　　　　　　 : 고려+몽골 연합군에 진압

- 결과

  고려의 대몽 항쟁이 끝나고 몽골의 지배가 본격화되었다
  원(몽골)의 간섭이 강화되며 고려는 부마국이 되었다

- 인물

  배중손

- 어휘

  삼별초: 고려 무신 정권이 조직한 군대로, 대몽 항쟁을 주도함
  항쟁: 억압이나 침략에 맞서 싸우며 저항하는 것
  부마국: 왕실이 다른 나라 황실과 혼인하여 그 나라의 영향을 받는 국가

  혀니샘의 꼭 나와!

  OOO는 몽골과의 항쟁을 계속하며 진도와 제주도로 이동하며 저항했다

97

원 간섭기 (1259년~1356년)

● **요약**

고려가 원의 간섭을 받으며 내정 간섭과 공녀 요구에 시달렸다

● **배경**

몽골과의 전쟁에서 고려가 패배하며 원의 강한 압박을 받았다
고려가 원과의 외교적 타협을 위해 왕실 혼인을 선택하며 부마국이 되었다

● **핵심내용**

고려왕실의 호칭 낮춤
: 고려왕이름 앞에 '충'

공물, 공녀 요구

내정간섭 기구 설치
: 정동행성, 쌍성총관부

권문세족의 성장

몽골풍, 고려양

- **결과**

  고려의 왕권이 약화되고 원의 간섭으로 자주성이 훼손되었다
  백성들의 불만이 커지며 반원 세력이 성장하고 개혁 움직임이 나타났다

- **인물**

  충렬왕~충정왕

- **어휘**

  몽골풍: 원 간섭기 때 몽골의 문화와 풍습이 고려에 전해진 것
  고려양: 고려의 의복과 문화가 원으로 전해져 유행한 것
  권문세족: 원의 지원을 받아 고려에서 높은 지위를 차지한 가문이나 세력

  ### 혀니샘의 꼭 나와!

  원나라는 일본 정벌을 이유로 고려에 OOOO를 설치하고 내정을 간섭했다
  원나라에 의존여 권력을 유지하던 지배층을 OOOO이라 불렀다

공민왕 (1351년~1374년)

- **요약**

  공민왕은 원 간섭에서 벗어나기 위해 개혁을 단행하고 반원 자주 정책을 추진했다

- **배경**

  권문세족의 횡포가 심해지며 왕권이 약화되고 사회 혼란이 커졌다
  원의 세력이 약해지고 명이 성장하며 국제 정세가 변화했다

- **핵심내용**

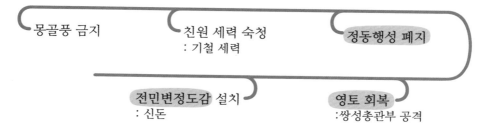

몽골풍 금지

친원 세력 숙청
: 기철 세력

정동행성 폐지

전민변정도감 설치
: 신돈

영토 회복
: 쌍성총관부 공격

- 결과

  공민왕 피살 후 개혁이 중단되며 고려의 혼란이 계속되었다
  신진사대부와 신흥 무인 세력이 성장하며 새로운 정치 세력이 등장했다

- 인물
  공민왕, 신돈

- 어휘

  정동행성이문소: 고려의 내정을 간섭하기 위해 원이 설치한 기관
  쌍성총관부: 원이 고려 북부 영토를 지배하기 위해 설치한 행정 기관
  전민변정도감: 공민왕이 권문세족의 불법 토지를 정리하기 위해 설치한 기구

  혀니샘의 쏙 나와!

  OOO은 쌍성총관부를 공격하여 영토를 되찾고 친원 세력을 제거했다
  권문세족의 불법적인 토지와 노비를 정리하기 위해 설치한 기구는 OOOOOO이다

위화도 회군 (1388년)

● **요약**

이성계가 위화도에서 군을 돌려 고려 정부를 장악했다.

● **배경**

공민왕 이후 고려가 원의 영향에서 벗어나 자주성을 회복하려 했다
명나라가 성장하며 요동 지역을 차지하자 고려가 영토 회복을 추진했다

● **핵심내용**

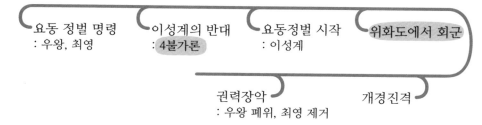

요동 정벌 명령
: 우왕, 최영

이성계의 반대
: 4불가론

요동정벌 시작
: 이성계

위화도에서 회군

권력장악
: 우왕 폐위, 최영 제거

개경진격

● 결과

이성계가 고려의 권력을 장악하며 새로운 정치 질서를 만들었다
조선 건국의 기반이 마련되며 고려가 점점 몰락해갔다

● 인물

이성계, 우왕, 최영

● 어휘

회군: 군대가 작전을 중단하고 본래 위치로 돌아오는 것
요동: 중국 동북부에 위치한 지역
4불가론: 이성계가 요동 정벌의 문제점을 지적하며 반대한 네 가지 이유

혀니샘의 꼭 나와!

이성계가 요동 정벌에 반대하며 내세운 논리는 ○○○○이다

요동 정벌 도중 ○○○에서 이성계가 회군하여 조선을 세우는 계기를 마련했다

103

혀니쌤의 "좀 더 들어가 볼까?"

1. 도병마사와 식목도감
   도병마사: 군사·국방 회의 / 식목도감: 법·제도 결정
   → 재신(중서문하성+중추원) 중심 운영 / 귀족 합의 정치의 상징
   → 고려의 독자적 정치 기구, 회의 체제 강조
2. 문벌귀족 vs 권문세족
   문벌귀족: 고려 전기 / 음서·공음전으로 세습 / 보수적 정치 운영
   권문세족: 고려 후기 / 원 간섭기 등장 / 부와 권력 독점
   → 세력 교체 흐름
3. 삼국사기 vs 삼국유사
   삼국사기: 김부식 / 기전체 / 유교적, 정사 중심
   삼국유사: 일연 / 기사본말체 / 불교 중심, 설화 수록
   → 고려 시대 역사 인식 보여줌

"역포의
한국사"

4장 **조선**

조선 왕조
연표

태조
위화도회군
조선건국
한양천도

정종

태종
6조 직계제
호패제

예종

성종
홍문관
경국대전 완성

연산군
무오사화
갑자사화

광해군
중립외교
대동법
기유약조

인조
정묘호란
병자호란

효종
북벌론
나선정벌

정조
규장각
초계문신제
장용영

순조
세도 정치
홍경래의 난

헌종
세도 정치
기해박해

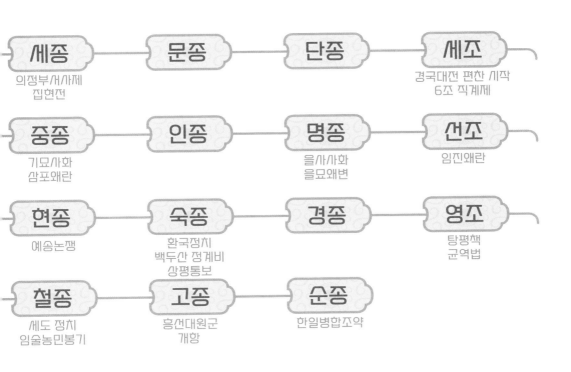

세종 → 문종 → 단종 → 세조
의정부서사제   경국대전 편찬 시작
집현전   6조 직계제

중종 → 인종 → 명종 → 선조
기묘사화   을사사화   임진왜란
삼포왜란   을묘왜변

현종 → 숙종 → 경종 → 영조
예송논쟁   환국정치   탕평책
          백두산 정계비   균역법
          상평통보

철종 → 고종 → 순종
세도 정치   흥선대원군   한일병합조약
임술농민봉기   개항

태조 (1392년~1398년)

● **요약**

이성계가 조선을 건국하고 한양으로 수도를 천도하였다

● **배경**

위화도 회군 이후 고려 왕권이 무너지고 나라가 혼란해졌다
신흥 무인 세력과 신진사대부가 성장하며 새 나라 건설을 이끌었다

● **핵심내용**

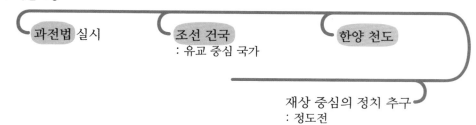

과전법 실시

조선 건국
: 유교 중심 국가

한양 천도

재상 중심의 정치 추구
: 정도전

- **결과**

  이성계가 조선을 세우고 유교 중심의 새 정치 질서를 만들었다
  정도전 등이 제도를 정비하며 중앙집권 국가가 자리잡았다

- **인물**

  이성계, 정도전, 이방원

- **어휘**

  과전법: 국가가 관리에게 토지의 수확권을 나눠준 제도
  유교: 충, 효, 예의를 중요하게 여기는 동양의 사상
  재상: 조선 시대 국정을 총괄하던 최고 책임 관료

  혀니샘의 꼭 나와!

  조선 초기, 국가가 관리에게 토지를 나누어 주기 위해 시행한 제도는 OOO이다
  태조 이성계는 조선을 건국한 후 수도를 OO으로 옮겨 새 출발을 알렸다

태종 (1400년 ~ 1418년)

● **요약**

태종은 왕권 강화를 위해 사병을 해산시키고 6조 직계제를 시행하였다

● **배경**

왕자의 난으로 왕이 되었지만 정통성이 약했다
정치 질서를 바로잡기 위해 강한 왕권이 필요했다

● **핵심내용**

사병 해산

왕자의 난

6조 직계제 시행

호패법 도입

전국 8도
: 지방관 파견

- **결과**

  왕권 강화로 중앙집권 체제가 확립되었다
  세종 대에 학문과 정책이 발전할 수 있는 기반이 마련되었다

- **인물**

  태종

- **어휘**

  왕자의 난: 조선 초기, 태종 이방원이 형제들과 벌인 왕위 계승 싸움
  6조 직계제: 왕이 의정부를 거치지 않고 6조를 직접 지휘한 제도
  호패법: 신분과 거주지를 적은 패를 휴대하게 해 인구와 치안을 관리한 법

  혀니샘의 꼭 나와!

  태종은 의정부의 권한을 줄이고 OO OOO를 실시해 직접 정치를 펼쳤다
  태종이 신분 확인과 인구 관리를 위해 모든 성인 남자에게 패를 들게 한 제도는 OOO이다

세종 (1418년~1450년)

● **요약**

세종은 한글을 창제하고 집현전을 설치해 학문을 발전시켰다

● **배경**

태종이 왕권을 강화하고 중앙집권 체제를 마련해 안정된 기반이 갖춰졌다
신하들과 협력하며 실용적인 정치를 하려는 세종의 의지가 강했다

● **핵심내용**

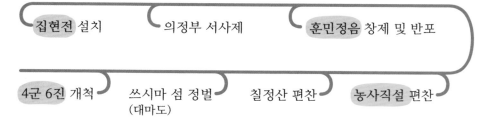

집현전 설치   의정부 서사제   훈민정음 창제 및 반포

4군 6진 개척   쓰시마 섬 정벌   칠정산 편찬   농사직설 편찬
(대마도)

112

- 결과

  학문과 과학을 발전시켜 조선 문화의 기틀을 마련했다
  북쪽 영토를 확장하며 국방을 강화했다

- 인물

  세종, 장영실, 이종무, 김종서, 최윤덕

- 어휘

  농사직설: 세종 때 편찬된 우리나라 최초의 농사법 책
  칠정산: 세종 때 만든 우리나라의 천문 역법서
  4군 6진: 세종 때 북방 영토를 확장하기 위해 설치한 군사 행정 지역

  혀니샘의 꼭 나와!

  세종은 정책과 학문 연구를 위해 ○○○을 설치하고 인재를 양성했다
  세종 때 김종서와 최윤덕이 함경도 북쪽 지역을 개척해 확대한 영토는 ○○ ○○이다

성종 (1469년~1494년)

● **요약**

성종은 경국대전을 완성하고 유교 정치 기틀을 확립했다

● **배경**

세조와 예종을 거치며 왕권은 강화되었고, 제도 정비의 필요성이 커졌다
성종은 유교 정치 이념에 따라 나라를 안정시키고자 했다

● **핵심내용**

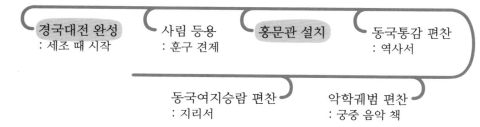

경국대전 완성
: 세조 때 시작

사림 등용
: 훈구 견제

홍문관 설치

동국통감 편찬
: 역사서

동국여지승람 편찬
: 지리서

악학궤범 편찬
: 궁중 음악 책

114

- **결과**

  경국대전 완성으로 조선의 통치 체제가 정비되었다

  홍문관 설치로 유교 정치가 강화되고 사림의 정치 참여 기반이 마련되었다

- **인물**

  성종, 김종직

- **어휘**

  경국대전: 조선의 기본 법과 제도를 정리한 통치 규범서

  홍문관: 왕의 학문을 보좌하고 정책을 자문하는 기관

  사림: 지방에서 성장한 유학자로, 중앙 정치에 진출한 신진 관료층

혀니샘의 꼭 나와!

성종은 나라의 법을 정비하여 OOOO을 완성하였다

조선 성종 때 설치된 기관으로, 왕의 자문과 경연, 학문 연구를 담당한 곳은OOO이다

연산군 (1494년~1506년)

● **요약**

연산군은 사화로 사림을 숙청하고 폭정을 일삼다 폐위되었다

● **배경**

훈구 세력과 사림의 갈등이 심해지며 정치 불안이 커졌다
성종 사후 연산군이 즉위하며 강압적인 정치를 시작했다

● **핵심내용**

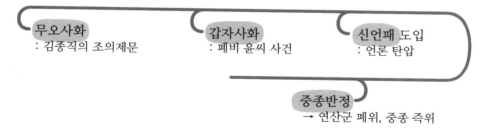

무오사화
: 김종직의 조의제문

갑자사화
: 폐비 윤씨 사건

신언패 도입
: 언론 탄압

중종반정
→ 연산군 폐위, 중종 즉위

116

- **결과**

  연산군이 폐위되고 중종이 즉위하였다
  훈구와 사림 사이 권력이 재편되며 정치 세력이 달라졌다

- **인물**

  연산군, 중종, 김종직

- **어휘**

  사화: 조선 전기 사림이 정치적으로 탄압당한 사건
  신언패: 신하들의 언행을 감시하기 위해 목에 걸게 한 경고패
  김종직의 조의제문: 김종직이 단종의 죽음을 슬퍼하며 지은 글

  혀니샘의 꼭 나와!

  조선 연산군 때, 김종직의 조의제문이 문제가 되어 사림이 탄압당한 사건은 OOOO이다
  연산군은 폐비 윤씨 사건에 분노해 OOOO를 일으키고 대신들을 죽였다

중종 (1506년~1544년)

- **요약**

  중종 때 조광조가 개혁을 시도했으나 기묘사화로 실각했다

- **배경**

  중종반정 이후 훈구 세력이 권력을 잡으며 정치적 영향력을 키웠다
  사림 세력이 정치에 진출하며 개혁을 요구하기 시작했다

- **핵심내용**

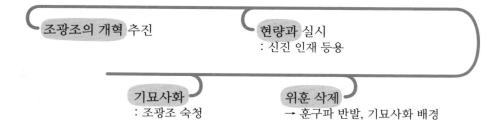

조광조의 개혁 추진

현량과 실시
: 신진 인재 등용

기묘사화
: 조광조 숙청

위훈 삭제
→ 훈구파 반발, 기묘사화 배경

● 결과

기묘사화로 사림 세력이 일시적으로 약화되었다
이후 지방에서 학문과 교육을 통해 점진적으로 성장했다

● 인물

중종, 조광조

● 어휘

현량과: 능력 있는 인재를 뽑기 위해 시행한 특별 시험
위훈 삭제: 부당하게 공신이 된 사람들의 기록을 지운 개혁 조치
훈구파: 조선 건국과 초기 정치를 이끈 공신 중심의 정치 세력

혀니쌤의 꼭 나와!

조광조는 OOO를 통해 능력 있는 인재를 뽑고 유교 정치를 실현하려 했다

조광조의 개혁이 훈구 세력의 반발을 사며 일어난 사림 탄압 사건은 OOOOO이다

명종 (1545년~1567년)

- **요약**

  명종 때 을사사화가 발생하여 외척 세력이 정권을 장악했다

- **배경**

  중종 사후 어린 명종이 즉위하며 왕권이 약해졌다
  문정왕후를 중심으로 외척 간 권력 다툼이 심화되었다

- **핵심내용**

을사사화
: 윤원형 vs 윤임 갈등
→ 윤임 세력 숙청

문정왕후 섭정

불교 부흥

비변사 강화
→ 최고 군사 기구 성장

- 결과

  외척 정치가 계속되며 사림은 크게 위축되었다
  불교가 부흥하고 중앙 정치는 혼란이 이어졌다

- 인물

  명종, 윤원형, 윤임, 문정왕후

- 어휘

  비변사: 외적 침입을 막기 위한 임시 회의 기구였지만, 점차 최고 권력 기구로 바뀐 기관
  섭정: 왕이 어리거나 병약할 때, 대신 나랏일 맡아보는 일

혀니샘의 꼭 나와!

OOOO는 윤임과 윤원형 사이의 갈등에서 시작되어 사림이 피해를 본 사화이다

외적의 침입에 대응하기 위해 OOO가 명종 때 정규 기관이 되었다

임진왜란 (1592년~1598년)

- **요약**

  1592년 일본이 침략하였으나 조선이 의병과 명군의 도움으로 막아냈다

- **배경**

  왜군이 조선을 거쳐 명을 치기 위해 침략을 감행했다
  오랜 평화로 조선은 군사력이 부족하고 방어 준비가 제대로 되어있지 않았다

- **핵심내용**

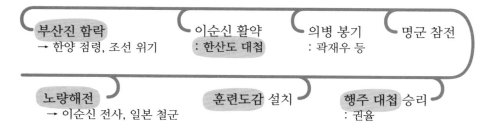

부산진 함락
→ 한양 점령, 조선 위기

이순신 활약
: 한산도 대첩

의병 봉기
: 곽재우 등

명군 참전

노량해전
→ 이순신 전사, 일본 철군

훈련도감 설치

행주 대첩 승리
: 권율

- 결과

  전국이 큰 피해를 입고 많은 문화재가 소실되었다
  전쟁으로 힘과 질서가 무너져 나라가 약해졌다

- 인물

  이순신, 권율, 김시민, 곽재우, 도요토미 히데요시

- 어휘

  부산진: 임진왜란 때 일본군이 처음 공격한 조선의 해안 방어 진지
  훈련도감: 임진왜란 중 생긴 상비군 양성 기관

  혀니샘의 꼭 나와!

  임진왜란 때 조선은 ○○○○을 설치해 훈련된 군인을 상시 배치하고 전투력을 강화했다
  ○○○ ○○에서 이순신은 학익진 전술로 왜군을 크게 물리쳤다

광해군 (1608년~1623년)

● **요약**

광해군은 중립 외교를 펼쳤으나 인조반정으로 폐위되었다

● **배경**

임진왜란 뒤 무너진 나라 살림을 다시 세워야 했다
강해지는 후금과 약해지는 명 사이에서 외교가 중요해졌다

● **핵심내용**

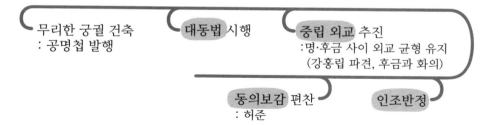

무리한 궁궐 건축
: 공명첩 발행

대동법 시행

중립 외교 추진
:명·후금 사이 외교 균형 유지
(강홍립 파견, 후금과 화의)

동의보감 편찬
: 허준

인조반정

124

- **결과**

  중립 외교로 후금 침입은 피했지만 신하들의 비판을 받았다
  외척과 사림의 반발이 커져 결국 인조반정이 일어났다

- **인물**

  광해군, 인조, 강홍립

- **어휘**

  공명첩: 이름을 적지 않은 관리 임명장. 벼슬을 파는 수단으로 활용
  대동법: 특산물 대신 쌀로 세금을 걷는 제도
  중립 외교: 명과 후금 사이에서 한쪽에 치우치지 않으려 한 외교 정책

  혀니샘의 꼭 나와!

  공납의 폐단을 줄이기 위해 실시된 OOO은 쌀이나 돈으로 세금을 내는 제도였다
  광해군은 전쟁을 막기 위해 명과 후금 사이에서 균형을 잡는 OO OO를 펼쳤다

정묘호란과 병자호란 (1627년~1637년)

- **요약**

  후금과 청이 조선을 침략한 전쟁으로, 이후 조선은 청의 군신 관계를 받아들였다

- **배경**

  후금이 명과 충돌하자 조선에 명과 단절하고 군신 관계를 맺자고 요구했다
  조선은 친명배금 정책을 고수하며 이를 거부했다

- **핵심내용**

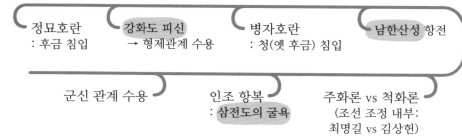

정묘호란
: 후금 침입

강화도 피신
→ 형제관계 수용

병자호란
: 청(옛 후금) 침입

남한산성 항전

군신 관계 수용

인조 항복
: 삼전도의 굴욕

주화론 vs 척화론
(조선 조정 내부:
최명길 vs 김상헌)

- 결과

  두 차례 전쟁 끝에 조선은 청에 굴복하고 군신 관계를 맺었다
  왕과 세자가 인질로 끌려가며 외교 자주권을 잃었다

- 인물

  인조, 홍타이지, 최명길, 김상헌

- 어휘

  친명배금: 명나라를 섬기고 후금(청나라)을 배척하는 조선의 외교 정책
  주화론: 청과 화해해 전쟁을 피하자는 입장
  척화론: 청과의 화해를 반대하고 끝까지 맞서야 한다는 입장

  혀니샘의 꼭 나와!

  병자호란 당시 인조가 청군에 맞서 끝까지 버텼던 곳은 OOOO이다

  병자호란 때 인조가 청 태종 앞에서 무릎을 꿇고 항복한 사건은 OOO의 굴욕이라 불린다

효종 (1649년~1659년)

- **요약**

  효종은 북벌을 추진하여 청에 대한 복수를 준비했으나 실행되지 못했다

- **배경**

  병자호란 이후 청나라에 대한 복수 여론이 높아졌다
  전쟁 피해로 약해진 조선을 다시 세우려는 회복이 필요했다

- **핵심내용**

  북벌론
  : 송시열

  어영청 강화

  나선 정벌 파견
  → 청 협력

- 결과

  청의 국력이 계속 강해져 조선과의 군사력 차이가 커졌다
  효종의 갑작스러운 죽음으로 북벌 계획은 중단되었다

- 인물

  효종, 송시열

- 어휘

  북벌론: 병자호란 이후 청에 복수하기 위해 북쪽을 다시 치자는 주장
  나선 정벌: 조선이 청의 요청으로 러시아를 물리치기 위해 보낸 원정군 파병
  어영청: 효종이 북벌 준비를 위해 강화한 한양 방어 중심의 중앙 군대

혀니샘의 꼭 나와!

조선의 대표적 성리학자 OOO은 효종의 북벌 추진을 지지했다

효종은 겉으로는 청에 협력하며 OO OO에 군대를 파견했지만, 내부적으로는 북벌을 준비했다

숙종 (1674년~1720년)

● **요약**

숙종은 환국 정치로 붕당을 교체하며 왕권을 강화했다

● **배경**

붕당 정치가 심화되며 왕권이 불안정해졌다
강한 왕권을 바탕으로 정치 안정을 이루려는 필요가 컸다

● **핵심내용**

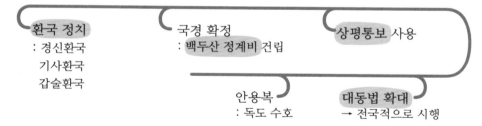

환국 정치
: 경신환국
  기사환국
  갑술환국

국경 확정
: 백두산 정계비 건립

상평통보 사용

안용복
: 독도 수호

대동법 확대
→ 전국적으로 시행

130

- **결과**

  숙종은 환국을 활용해 왕권을 강화했다
  이후 영·정조 시기 탕평책이 등장하는 배경이 되었다

- **인물**

  숙종, 인현왕후, 장희빈

- **어휘**

  환국: 왕이 특정 붕당을 몰아내고 새로운 붕당 등용
  백두산 정계비: 조선과 청이 국경을 정한 후 세운 경계 표시 비석
  상평통보: 조선 후기에 널리 쓰인 국가 발행 동전

  혀니샘의 꼭 나와!

  숙종은 ○○ 정치를 통해 정권을 자유롭게 바꾸며 왕권을 강화했다
  조선과 청이 백두산 일대의 경계를 정하고 세운 것은 ○○○ ○○○ 이다

영조 (1724년~1776년)

● 요약

영조는 탕평책을 실시하여 붕당 정치를 완화하고 균역법을 시행했다

● 배경

잦은 환국과 붕당 갈등으로 정치 혼란이 계속되었다
신분과 당파를 넘어 백성을 위한 안정된 정치를 원했다

● 핵심내용

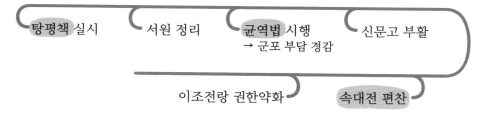

탕평책 실시   서원 정리   균역법 시행   신문고 부활
→ 군포 부담 경감

이조전랑 권한약화   속대전 편찬

- **결과**

  붕당 정치가 약해지고 왕권이 안정되었다
  세금 개혁을 통해 백성의 삶이 조금 나아졌다

- **인물**

  영조

- **어휘**

  탕평책: 당파에 치우치지 않고 인재를 고르게 등용하려는 정치 정책
  균역법: 농민의 군포 부담을 2필에서 1필로 경감한 법
  속대전: 경국대전을 정비하여 펴낸 조선 후기의 새로운 법전

  혀니샘의 꼭 나와!

  OOO은 영조와 정조 시기에, 서로 다른 붕당을 골고루 등용하려고 펼친 정책이다

  영조는 매년 2필씩 내던 군포를 1필로 줄이는 OOO을 시행했다

정조 (1776년~1800년)

● **요약**

정조는 규장각을 설치하고 장용영을 창설하여 왕권을 강화했다

● **배경**

탕평 정치를 이어받아 왕권을 강화하고 개혁을 추진할 필요가 있었다
아버지 사도세자의 죽음으로 붕당 정치와 신하들에 대한 불신이 컸다

● **핵심내용**

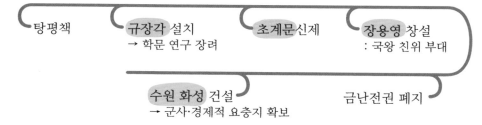

탕평책

규장각 설치
→ 학문 연구 장려

초계문신제

장용영 창설
: 국왕 친위 부대

수원 화성 건설
→ 군사·경제적 요충지 확보

금난전권 폐지

134

- **결과**

  붕당 갈등이 줄고 왕권 중심의 정치가 강화되었다
  개혁이 이어지지 못해 세도 정치로 다시 흐르게 되었다

- **인물**

  정조

- **어휘**

  규장각: 정조가 만든 도서관 겸 정책 자문 기관
  초계문신제: 젊은 학자들을 뽑아 규장각에서 학문과 정치를 익히게 한 제도
  금난전권: 한양의 육의전 상인에게 주어진 시장 독점권

  혀니샘의 꼭 나와!

  정조는 젊고 유능한 신하를 길러 정치에 참여시키기 위해 OOOOO를 실시했다

  정조는 정책을 연구하고 책을 편찬하기 위해 OOO을 설치하였다

세도 정치 (19세기)

● **요약**

왕권이 약화되면서 외척 가문이 권력을 독점하는 세도 정치가 전개되었다

● **배경**

정조 사후 어린 순조가 즉위하며 외척 가문이 정권을 잡았다
왕권이 약해지고 세도가문 중심의 권력 구조가 굳어졌다

● **핵심내용**

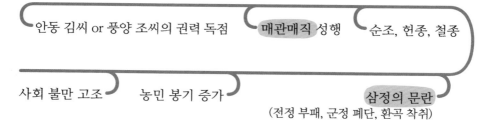

안동 김씨 or 풍양 조씨의 권력 독점   매관매직 성행   순조, 헌종, 철종

사회 불만 고조   농민 봉기 증가   삼정의 문란
(전정 부패, 군정 폐단, 환곡 착취)

- **결과**

  권력이 소수 가문에 집중되고 백성의 삶은 더욱 어려워졌다

  관리의 부패와 민란 증가로 조선 후기 사회가 혼란스러워졌다

- **인물**

  순조, 헌종, 철종, 안동 김씨 가문, 풍양 조씨 가문

- **어휘**

  세도 정치: 외척 가문이 권력을 독점하며 정치를 마음대로 하던 시기

  매관매직: 돈을 받고 관직을 사고파는 부패한 행위

  삼정의 문란: 전정, 군정, 환곡의 운영이 부패하며 백성의 삶이 무너진 현상

  혀니샘의 꼭 나와!

  왕실의 외척 가문이 권력을 독점하며 나라를 다스리던 시기를 OOOO 시기라고 한다

  세도정치가 이어지면서, 전정·군정·환곡이 제대로 운영되지 않아 OO의 문란이 심해졌다

홍경래의 난 (1811년)

- **요약**

  홍경래가 평안도 지역 차별에 반발하여 평안도 지역에서 농민 봉기를 일으켰다

- **배경**

  세도 정치로 인해 탐관오리가 늘고 백성의 삶이 피폐해졌다
  서북인 차별과 삼정의 문란에 대한 불만이 폭발했다

- **핵심내용**

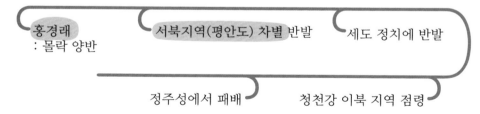

홍경래
: 몰락 양반

서북지역(평안도) 차별 반발

세도 정치에 반발

정주성에서 패배

청천강 이북 지역 점령

138

- 결과

  가산 지역을 점령하며 관군과 싸웠지만 곧 진압되었다
  지배층에 대한 민중의 저항이 본격화되는 계기가 되었다

- 인물

  순조,홍경래

- 어휘

  서북지방: 조선의 북서쪽 지역으로 평안도가 중심
  정주성: 서북지방 정주에 있는 성
  청천강: 평안도 지역을 흐르는 큰 강

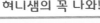

혀니샘의 꼭 나와!

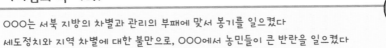

OOO는 서북 지방의 차별과 관리의 부패에 맞서 봉기를 일으켰다
세도정치와 지역 차별에 대한 불만으로, OOO에서 농민들이 큰 반란을 일으켰다

임술 농민 봉기 (1862년)

● **요약**

세도 정치의 부정부패와 삼정의 문란에 반발하여 전국적인 농민 봉기가 일어났다

● **배경**

세도 정치와 삼정의 문란으로 백성의 고통이 심해졌다
특히 환곡의 폐단이 커지며 전국적으로 불만이 쌓였다

● **핵심내용**

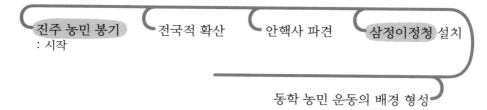

진주 농민 봉기
: 시작

전국적 확산

안핵사 파견

삼정이정청 설치

동학 농민 운동의 배경 형성

- 결과

  정부가 삼정이정청을 설치해 개혁을 시도했다
  하지만 실질적 변화는 없었고 농민 운동의 기반이 되었다

- 인물

  철종, 백낙신, 유계춘

- 어휘

  진주 농민 봉기: 임술 농민 봉기의 시작점이 된 경남 진주의 대규모 봉기
  안핵사: 사건 조사를 위해 파견된 관리로, 진주 봉기 진압 과정에서 등장
  삼정이정청: 삼정의 문란을 바로잡기 위해 설치된 임시 기구

  혀니샘의 꼭 나와!

  ○○ ○○ ○○는 세금과 수탈에 시달리던 백성들이 들고일어난 임술 농민 봉기의 시작이었다
  임술 농민 봉기 이후, 삼정의 문란을 바로잡기 위해 설치된 기관은 ○○○○○이다

혀니쌤의 "좀 더 들어가 볼까?"

1. **6조 직계제 vs 의정부 서사제**
   6조 직계제: 태종,세조 : 왕 → 6조 직접 지시 / 왕권 강화
   의정부 서사제: 세종 : 6조 → 의정부 거쳐 보고 / 신권 존중
   → 왕권 vs 신권 구도

2. **삼사**
   구성: 사헌부(감찰) + 사간원(간쟁) + 홍문관(자문)
   역할: 언론 기능, 관리 감시, 왕 견제
   → 권력 균형 장치, 감시·견제

3. **예송논쟁**
   배경: 효종 사망 → 상복 기간 두고 서인 vs 남인 대립
   전개: 1차 기해예송(1659), 2차 갑인예송(1674)
   → 붕당 정치 본격화, 조선 후기 정치 구조 출발점

"역포의
한국사"

5장 **대한제국**(개항기)

흥선대원군 (1863년~1873년)

● **요약**

흥선대원군이 왕권 강화를 위해 세도 정치를 타파하고 개혁을 추진하였다

● **배경**

세도 정치로 왕권이 약해지고 백성들의 불만이 커졌다
서양 세력이 조선을 개항시키려 하며 위협이 증가했다

● **핵심내용**

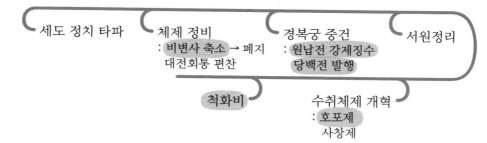

세도 정치 타파   체제 정비   경복궁 중건   서원정리
                 : 비변사 축소 → 폐지   : 원납전 강제징수
                 대전회통 편찬   당백전 발행

                       척화비   수취체제 개혁
                                    : 호포제
                                     사창제

- **결과**

  개혁에 대한 반발로 흥선대원군이 실각하며 개혁이 중단되었다
  서양과의 충돌이 계속되며 조선은 점점 개항 압박을 받게 되었다

- **인물**

  흥선대원군

- **어휘**

  원납전: 경복궁 중건 비용을 마련하기 위해 강제로 거둔 기부금
  당백전: 흥선대원군이 경복궁 중건을 위해 발행한 고액 화폐
  호포제: 양반에게도 군포를 부과한 제도

  혀니샘의 꼭 나와!

  흥선대원군은 경복궁 중건 비용 마련을 위해 OOO을 강제로 징수했다
  흥선대원군 집권 이후 국가 통치 구조를 정비하기 위해 OOO를 없앴다

병인양요 (1866년)

- **요약**

  프랑스군이 **병인박해**를 구실로 강화도를 침공했으나 조선이 격퇴했다

- **배경**

  조선에서 프랑스 선교사와 신자가 처형되며 프랑스와의 갈등이 심화되었다
  프랑스는 동아시아에서 영향력을 확대하려 하며 보복 원정을 감행했다

- **핵심내용**

  프랑스군 강화도 침입　　문수산성 전투
  　　　　　　　　　　　: 한성근

  정족산성 전투
  : **양헌수**

- 결과

  조선군이 강화도에서 항전하며 프랑스군을 격퇴하고 철수시켰다
  프랑스군은 <mark>외규장각</mark> 도서를 비롯한 문화재를 약탈하였다

- 인물

  한성근, 양헌수, 로즈 제독

- 어휘

  병인박해: 조선 정부가 1866년 천주교 선교사와 신자를 처형한 사건
  외규장각: 정조가 강화도에 설립한 왕실 도서 보관소

혀니샘의 꼭 나와!

병인양요때, OOO장군이 정족산성에서 프랑스군을 격퇴했다

1866년 프랑스군은 강화도를 침략해 OOOO에 있던 수많은 서적을 약탈했다

신미양요 (1871년)

● **요약**

미국이 제너럴셔먼호 사건을 구실로 강화도를 침공했으나 끝까지 싸워 물리쳤다

● **배경**

미국 상선 제너럴셔먼호가 조선에서 불태워지자 미국이 보복을 결심했다
미국은 통상 거부에 반발하며 군함을 이끌고 강화도를 공격했다

● **핵심내용**

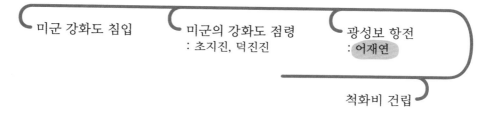

미군 강화도 침입

미군의 강화도 점령
: 초지진, 덕진진

광성보 항전
: 어재연

척화비 건립

- **결과**

  조선군이 광성보에서 결사 항전했으나 패배하며 미국군이 점령했다

  미국군은 어재연 장군의 수자기를 포함한 전리품을 약탈한 후 철수했다

- **인물**

  어재연, 로저스 제독

- **어휘**

  제너럴셔먼호 사건: 미국 상선이 조선에 무단 침입했다가 불태워진 사건

  척화비: 흥선대원군이 서양과의 통상을 거부하며 세운 비석

  수자기: 신미양요 당시 광성보에서 조선군이 사용한 깃발

  혀니샘의 꼭 나와!

  ○○○장군이 지휘한 조선군은 신미양요 당시 미군과 싸우며 끝까지 저항했다

  미군이 신미양요에서 전리품으로 가져간 조선군의 군기는 ○○○이다

운요호사건 (1875년)

● 요약

일본 군함 운요호가 강화도를 침범하고 조선 수군을 공격한 후 퇴각했다.

● 배경

최익현의 상소로 흥선대원군이 물러나고 고종이 직접 정치를 시작했다
서양 세력과 통상하자는 개화파의 주장이 등장하며 내부 갈등이 생겼다

● 핵심내용

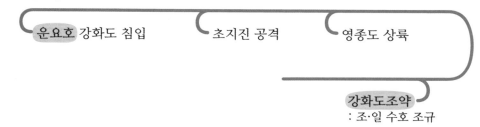

운요호 강화도 침입   초지진 공격   영종도 상륙

강화도조약
: 조·일 수호 조규

- 결과

  일본은 이를 빌미로 조·일 수호 조규(강화도 조약)를 체결하며
  조선 개항을 강요했다

- 인물

  고종

- 어휘

  상소: 신하나 백성이 임금에게 의견이나 바람을 글로 올리는 것
  통상: 다른 나라와 물건을 사고파는 경제적인 교류
  강화도조약: 1876년 조선이 일본과 맺은 최초의 근대적 불평등 조약

혀니쌤의 꼭 나와!

일본 군함 운요호가 OOO를 침범하여 많은 피해를 입혔다

OOOOO을 구실로 일본은 조선에 강화도조약 체결을 강요했다

강화도조약 (1876년)

- **요약**

  강화도조약은 조선이 일본과 맺은 최초의 근대적 조약으로 불평등 조약이었다

- **배경**

  운요호사건으로 일본이 조선에 개항을 강하게 요구했다
  조선이 외교적으로 고립되어 불평등 조약을 피하기 어려웠다

- **핵심내용**

  부산·원산·인천 개항   치외법권 인정   해안 측량권 허용

  조선은 자주국
  : 청의 간섭 배제 위해

- **결과**

  조선의 경제가 일본에 의존하게 되고 일본 상인들이 내륙까지 들어왔다
  청·러 등 외국의 간섭이 늘어나며 조선의 외교적 독립이 약해졌다

- **인물**

  고종

- **어휘**

  치외법권: 외국인이 현지 법이 아닌 자기 나라 법의 적용을 받는 권리
  해안 측량권: 외국이 조선 연안을 자유롭게 조사할 수 있는 권리

혀니샘의 꼭 나와!

강화도조약에서 OOOO이 인정되면서 일본인은 조선 법의 적용을 받지 않게 되었다
조선이 일본과 맺은 조약에 따라 개항한 항구는 OO, OO, OO이다

임오군란 (1882년)

● 요약

구식 군인들이 차별에 반발하여 봉기했으나 정부와 청군에 의해 진압되었다

● 배경

구식 군인은 급료를 받지 못한 채 차별받았고 별기군은 우대받았다
군인들의 불만이 폭발하며 개화정책에 반대하는 움직임이 커졌다

● 핵심내용

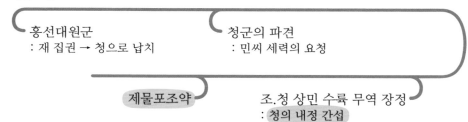

홍선대원군
: 재 집권 → 청으로 납치

청군의 파견
: 민씨 세력의 요청

제물포조약

조.청 상민 수륙 무역 장정
: 청의 내정 간섭

- **결과**

  청군이 개입해 난을 진압하며 조선에서 청의 영향력이 강해졌다
  일본은 제물포조약을 맺고 배상금을 받으며 조선에 일본군을 주둔시켰다

- **인물**

  흥선대원군, 민씨 세력

- **어휘**

  별기군: 개화정책으로 신식 무기를 갖추고 새롭게 조직된 군대
  제물포조약: 임오군란 후 일본에 배상금을 지급하고 일본군 주둔을 허용한 조약
  조·청 상민 수륙 무역 장정: 청이 조선에서 청 상인의 내륙 무역을 허용한 조약

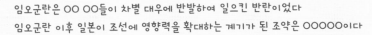

혀니샘의 꼭 나와!

임오군란은 ○○ ○○들이 차별 대우에 반발하여 일으킨 반란이었다

임오군란 이후 일본이 조선에 영향력을 확대하는 계기가 된 조약은 ○○○○○이다

갑신정변 (1884년)

- **요약**

  급진개화파가 일본의 지원을 받아 정변을 일으켰으나 청군 개입으로 실패했다

- **배경**

  개화파는 청의 간섭을 배제하고 근대적 개혁을 추진하려 했다
  청군의 일시 철수로 정변을 일으킬 기회를 얻었다

- **핵심내용**

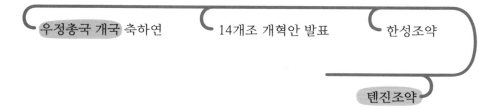

우정총국 개국 축하연 14개조 개혁안 발표 한성조약

텐진조약

- **결과**

  청군이 개입해 정변이 실패하며 개화파가 축출되었다
  일본은 톈진조약을 통해 조선에 대한 청·일 간 군대 파견 규정을 마련했다

- **인물**

  김옥균, 박영효

- **어휘**

  급진개화파: 청의 간섭 없이 조선을 근대화하려던 개화 세력
  한성조약: 갑신정변 후 조선이 일본에 배상금을 주고 공사관을 다시 지어준 조약
  톈진조약: 갑신정변 후 청과 일본이 조선에서 군대를 철수하기로 한 조약

  혀니샘의 꼭 나와!

  급진개화파는 OOOO 개국 축하연을 이용해 정변을 일으키는 계기로 삼았다

  갑신정변 이후 청과 일본이 조선 문제를 두고 체결한 조약은 OOOO이다

동학농민운동 (1894년)

- **요약**

  동학농민군이 반봉건·반외세를 내세워 봉기했으나 일본군 개입으로 진압되었다

- **배경**

  조선 정부의 부패와 관리들의 횡포로 농민들의 불만이 커졌다
  일본과 청의 경제적 침탈이 심해지며 농민들이 반외세 운동을 전개했다

- **핵심내용**

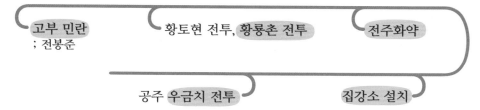

고부 민란
; 전봉준

황토현 전투, 황룡촌 전투

전주화약

공주 우금치 전투

집강소 설치

- 결과

  청과 일본이 개입하며 청일전쟁이 일어나고 일본의 영향력이 커졌다
  농민군이 패배하고 갑오개혁이 실시되었지만 농민들의 요구는 일부만 반영되었다

- 인물

  전봉준

- 어휘

  전주화약: 동학농민군과 조선 정부가 전주에서 맺은 화해 협약
  집강소: 전주화약 후 동학농민군이 지방 자치를 위해 설치한 조직

혀니샘의 꼭 나와!

동학농민군과 정부가 ○○○○을 체결하며 전주성을 조정에 반환했다

공주 ○○○ ○○에서 농민군이 패배하면서 동학농민운동은 사실상 종결되었다

1차, 2차 갑오개혁 (1894년~1896년)

● **요약**

갑오개혁은 일본의 간섭 아래 신분제를 폐지하고 근대적 개혁을 추진한 개혁이었다

● **배경**

동학농민운동과 청·일전쟁 이후 일본이 조선 개혁을 강하게 요구했다
조선 정부는 근대적인 정치·사회 개혁이 필요하다고 판단했다

● **핵심내용**

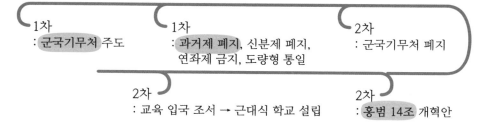

1차
: 군국기무처 주도

1차
: 과거제 폐지, 신분제 폐지,
연좌제 금지, 도량형 통일

2차
: 군국기무처 폐지

2차
: 교육 입국 조서 → 근대식 학교 설립

2차
: 홍범 14조 개혁안

- 결과

  신분제가 폐지되고 과거제가 폐지되는 등 개혁이 추진되었다
  일본의 영향력이 더욱 강해지며 조선의 자주적 개혁이 어려워졌다

- 인물

  고종, 김홍집

- 어휘

  군국기무처: 갑오개혁 때 개혁 정책을 논의하고 추진한 기관
  연좌제: 한 사람이 죄를 지으면 가족이나 친척도 함께 처벌받는 제도
  도량형: 길이, 부피, 무게 등을 측정하는 기준 단위

혀니샘의 꼭 나와!

1차 갑오개혁 추진을 위해 OOOOO가 설치되었다

1차 갑오개혁 때 과거제 폐지, 연좌제 금지, OOO 통일 등의 개혁이 이루어졌다

을미사변 (1895년)

● 요약

일본이 명성황후를 시해하며 조선 정부 장악을 시도했다

● 배경

청·일전쟁 이후 일본이 조선에서 정치적 영향력을 확대했다
명성황후가 러시아와 가까워지자 일본이 이를 제거하려 했다

● 핵심내용

일본군 경복궁 침입   명성황후 시해   친러 정책 견제

반일 의병 항쟁

● 결과

일본이 명성황후를 시해하며 조선 내 반일 감정이 크게 확산되었다
고종이 러시아 공사관으로 피신하는 아관파천이 발생했다

● 인물

명성황후, 고종, 미우라 고로

● 어휘

시해: 높은 지위의 사람이 폭력으로 살해당하는 것
친러정책: 러시아와 가까이 지내며 도움을 받으려는 정책

혀니샘의 꼭 나와!

명성황후가 시해된 OOOO 이후 고종은 러시아 공사관으로 피신했다

조선은 일본의 간섭을 견제하기 위해 러시아와 가까이 지내는 OOOO을 강화하였다

을미개혁 (1895년)

- **요약**

  을미개혁은 일본의 주도로 근대적 개혁을 강요했으나, 강한 반발을 불러일으켰다

- **배경**

  을미사변 후 일본이 조선의 내정을 장악하며 개혁을 강요했다
  일본의 영향력이 강해지면서 친일 내각이 개혁을 추진했다

- **핵심내용**

단발령　　　태양력　　　연호 사용 (건양)

● 결과
단발령 시행으로 유생과 백성들의 반발이 거세졌고 항일 의병 운동이 확산되었다
을미의병과 아관파천으로 개혁이 중단되었다

● 인물
고종, 김홍집

● 어휘
단발령: 머리카락을 짧게 자르게 한 정책
태양력: 해의 움직임을 기준으로 날짜를 정한 서양식 달력

혀니샘의 꼭 나와!

OOO 시행으로 조선은 음력 대신 서양식 양력을 공식 달력으로 채택했다
조선 정부가 시행한 OOO으로 인해 성인 남성들이 머리를 깎아야 했다

을미의병 (1895년)

● **요약**

단발령과 을미사변에 반발해 유생과 농민이 봉기했으나 진압됐다

● **배경**

단발령 시행과 을미사변으로 백성들의 반일 감정이 커졌다
일본의 내정 간섭이 심해지면서 유생과 농민들이 반발했다

● **핵심내용**

단발령　　　을미사변　　　유생 중심

- 결과

  반일 감정이 심화되며 의병 활동이 전국적으로 확산되었다
  일본의 군사적 탄압이 증가되었다

- 인물

  유인석, 이소응

- 어휘

  유생: 성리학을 공부한 사람으로, 과거 시험을 준비하거나 학문을 연구하는 계층
  의병: 외세의 침략이나 부당한 권력에 맞서 자발적으로 싸운 군대

혀니쌤의 꼭 나와!

을미사변과 OOO 강요에 반발하여 을미의병이 발생하였다

을미의병의 주도 세력은 성리학을 중시하던 OO들이었다

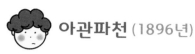 **아관파천** (1896년)

- **요약**

  을미사변 후 일본의 위협을 느낀 고종이 러시아 공사관으로 피신했다

- **배경**

  을미사변 이후 일본의 조선 내 영향력이 확대되었다
  러시아와 일본이 조선의 주도권을 두고 경쟁했다

- **핵심내용**

  고종   경운궁   러시아 공사관

- 결과

러시아의 영향력이 강해지며 조선의 외교와 내정에 개입이 확대되었다
일본의 세력이 일시적으로 약화되었으나 이후 다시 조선 장악을 시도했다

- 인물

고종

- 어휘

경운궁: 아관파천 후 고종이 머물며 대한제국을 선포한 궁궐로, 현재의 덕수궁

혀니샘의 꼭 나와!

을미사변 이후 고종은 신변의 위협을 느껴 OOO 공사관으로 피신했다
OOOO을 계기로 조선 정부는 친러 정책을 강화하게 되었다

독립협회 (1896년~1898년)

● 요약

독립협회는 자주국권 확립과 근대적 개혁을 추구했으나 정부의 탄압으로 해산되었다

● 배경

아관파천 이후 러시아를 비롯한 외세의 내정 간섭이 심해졌다
자주독립과 근대적 개혁을 요구하는 움직임이 확산되었다

● 핵심내용

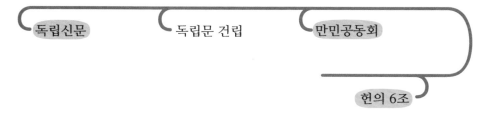

독립신문   독립문 건립   만민공동회

헌의 6조

● 결과

보수 세력의 탄압으로 해산되었지만 이후 개혁 운동에 영향을 미쳤다

● 인물

서재필

● 어휘

만민공동회: 독립협회가 연 국민 집회. 자주독립과 민권 확대, 내정 개혁을 요구

헌의 6조: 독립협회가 정부에 제안한 개혁안. 의회 설립과 언론·재정 개혁 등을 요구

혀니샘의 꼭 나와!

○○○○○는 독립협회가 개최하여 조선의 정치 개혁을 촉진한 대중 집회였다

○○○○은 한글과 영문으로 발행되며 국민 계몽과 독립 의식을 고취했다

대한제국 선포와 광무개혁 (1897년~1904년)

● **요약**

고종이 대한제국을 선포하고 근대화를 위한 광무개혁을 추진했다

● **배경**

아관파천 이후 조선이 외세의 간섭에서 벗어나려 했다
러시아와 일본의 세력 경쟁 속에서 자주권을 회복하려 했다

● **핵심내용**

고종 황제

환구단
: 즉위식

대한국 국제 제정

지계 발급

구본신참

- 결과

  대한제국 선포로 황제권이 강화되었지만 외세 간섭이 계속되었다
  재정 부족과 외세 개입으로 한계가 있었다

- 인물

  고종

- 어휘

  대한국 국제: 대한제국의 국권을 강화하고 황제권 중심의 통치를 명시한 법
  구본신참: 전통을 유지하면서도 새로운 제도를 받아들이는 개혁 원칙
  지계: 대한제국 때 토지 소유권을 증명하기 위해 발급한 문서

  혀니샘의 꼭 나와!

  고종은 OOO에서 황제 즉위식을 거행하며 조선이 자주 독립국임을 선포했다

  광무개혁에서 대한제국은 OO를 발급하여 토지 소유권을 법적으로 보장했다

을사늑약 (1905년)

- **요약**

  일본이 강제로 맺은 조약으로, 대한제국이 외교권을 빼앗겼다

- **배경**

  러일전쟁에서 일본이 승리하며 조선에 대한 지배권을 강화했다
  미국과 영국이 가쓰라-태프트 밀약과 제2차 영일동맹으로 일본을 지지했다

- **핵심내용**

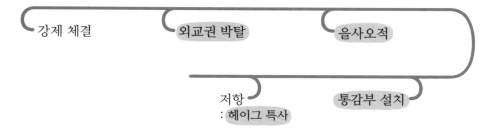

강제 체결

외교권 박탈

을사오적

저항
: 헤이그 특사

통감부 설치

- **결과**

  조선의 외교권이 박탈되고 일본이 통감부를 설치해 지배를 강화했다
  이에 반발해 을사오적 규탄, 고종의 밀서 외교, 항일 의병 투쟁이 일어났다

- **인물**

  고종, 이토 히로부미, 을사오적

- **어휘**

  가쓰라-태프트 밀약: 미국과 일본이 서로의 식민 지배를 인정한 협약
  을사오적: 을사늑약을 주도한 친일 관료 다섯 명 (이완용, 이지용, 박제순, 이근택, 권중현)
  통감부: 일본이 조선을 통제하기 위해 설치한 행정 기구

혀니쌤의 꼭 나와!

일본은 강제로 을사늑약을 체결해 대한제국의 〇〇〇을 빼앗았다

을사늑약 이후 일본은 〇〇〇를 설치하여 대한제국의 정치와 행정을 장악했다

을사의병 (1905년)

- **요약**

  을사늑약에 반발해 유생과 민중이 항일 의병을 일으켰다

- **배경**

  을사늑약으로 조선의 외교권이 박탈되며 반일 감정이 커졌다
  일본이 러일전쟁에서 승리하며 조선 지배를 본격화했다

- **핵심내용**

  을사늑약에 반발   **최익현**   **신돌석**
                             : 양반 유생   : 평민 의병장

- **결과**

  일본군의 탄압으로 의병이 큰 피해를 입으며 약화되었다
  의병 항쟁이 이어지며 이후 정미의병으로 확산되었다

- **인물**

  최익현, 신돌석

- **어휘**

  탄압: 권력이나 무력을 사용해 반대 세력을 강제로 억누르는 것
  의병장: 의병을 이끌며 싸운 지도자
  항일: 일본의 지배에 맞서 싸우는 것

  혀니샘의 꼭 나와!

  OOO은 평민 출신으로서 을사의병 때 의병장이 되어 일본군과 전투를 벌였다

  을사늑약이 체결되자 일본에 맞서 의병을 일으킨 유생 출신 지도자는 OOO이다

177

헤이그 특사 (1907년)

● **요약**

고종은 을사늑약의 부당함을 알리려 헤이그 특사를 보냈지만 일본 방해로 실패했다

● **배경**

을사늑약으로 외교권을 빼앗긴 고종이 조선의 자주권을 지키려 했다
전쟁 방지와 국제 평화를 논의하는 만국평화회의가 네덜란드 헤이그에서 열렸다

● **핵심내용**

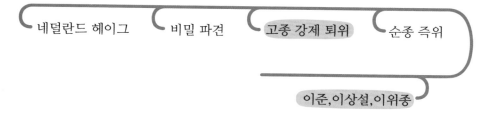

네덜란드 헤이그　비밀 파견　고종 강제 퇴위　순종 즉위

이준,이상설,이위종

- **결과**

  고종이 강제 퇴위당하고 순종이 즉위하며 왕권이 약화되었다
  일본이 대한제국 지배를 더욱 강화하며 식민지화가 가속화되었다

- **인물**

  고종, 이준, 이상설, 이위종

- **어휘**

  퇴위: 왕이나 황제가 자리에서 물러나는 것
  즉위: 왕이나 황제가 새로 왕위에 오르는 것

혀니샘의 꼭 나와!

OO, 이상설, 이준익이 만국평화회의에 참석하려 했지만 일본의 방해로 실패했다

헤이그 특사 사건 이후 일본은 대한제국의 황제였던 OO을 강제로 퇴위시켰다

국채보상운동 (1907년)

- **요약**

  일본에 진 빚을 갚고 경제적 자주권을 되찾기 위해 전국적으로 전개된 국민 운동이다

- **배경**

  일본은 대한제국의 경제를 장악하고 지배력을 강화하려 했다
  차관을 빌려준 뒤 재정 운영에 간섭하며 조선을 더 의존하게 만들었다

- **핵심내용**

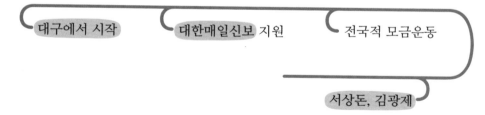

대구에서 시작

대한매일신보 지원

전국적 모금운동

서상돈, 김광제

- **결과**

  전국적으로 확산되었으나 일본의 방해로 큰 성과를 내지 못했다

  일제의 경제적 지배가 강화되며 조선의 재정 자립이 어려워졌다

- **인물**

  서상돈, 김광제

- **어휘**

  국채: 나라가 필요한 돈을 마련하기 위해 빚을 지는 것

  차관: 나라가 다른 나라나 외국 은행에서 돈을 빌리는 것

혀니샘의 꼭 나와!

○○에서 시작된 국채보상운동은 전국으로 확산되며 경제적 독립 의식을 높였다

○○○○○○는 국채보상운동을 적극적으로 보도하며 확산을 도왔다

정미의병 (1907년)

- **요약**

  고종 강제 퇴위와 군대 해산에 반발해 조직적 항일 무장 투쟁이 전개되었다

- **배경**

  고종이 강제로 퇴위당하며 일본의 조선 지배가 더욱 강화되었다
  한일 신협약(정미7조약)으로 대한제국 군대가 강제로 해산되었다

- **핵심내용**

  해산 군인 의병 합류   13도 창의군   서울진공작전

- **결과**

  일본군의 탄압으로 의병 세력이 약해졌다
  일부 의병은 만주와 연해주로 이동해 독립운동을 이어갔다

- **인물**

  이인영

- **어휘**

  해산: 조직이나 군대가 강제로 해체되는 것
  13도 창의군: 정미의병 때 전국 의병이 연합하여 조직한 의병 부대
  서울 진공 작전: 13도 창의군이 일본군을 몰아내고 서울을 탈환하려 한 계획

  혀니샘의 꼭 나와!

  OO OO들의 참여로 인해 정미의병은 보다 체계적이고 강력한 전투력을 보였다

  서울 탈환을 목표로 OOO OOO은 서울 진공 작전을 펼쳤다

한일병합조약 (1910년)

● 요약

일본이 대한제국 주권을 강탈하며 한일병합조약을 강요해 조선을 식민지로 만들었다

● 배경

을사늑약과 정미7조약으로 대한제국의 외교권과 군대가 사라졌다
데라우치 마사타케가 군대를 동원해 강제 체결을 추진했다

● 핵심내용

경술국치
고종 황제의 옥새
조선 총독부

● 결과

　대한제국이 일본에 강제 병합되며 조선 총독부가 설치되었다
　조선의 국권을 되찾기 위한 독립운동이 본격적으로 전개되었다

● 인물

　순종, 데라우치 마사타케, 이완용

● 어휘

　병합: 둘 이상의 조직이나 사물을 하나로 합침
　조선 총독부: 일본이 조선을 통치하기 위해 세운 행정 기관
　식민지: 다른 나라에 지배당하며 독립권을 잃은 지역

> **혀니샘의 꼭 나와!**
>
> 1910년 8월 29일, 일본이 대한제국을 강제 병합한 조약은 ○○○○○○이다
>
> 한일병합 이후 일본이 조선을 통치하기 위해 ○○ ○○○ 를 설치했다

혀니쌤의 "좀 더 들어가 볼까?"

1. 위정척사 운동

배경: 서양과의 통상 요구, 개항 압력

내용: "정도(正道)를 지키고, 이적(夷敵)을 물리치자"는 유생들의 반외세 운동

→ 개항 반대 사상 운동: 초기에는 통상 거부, 나중엔 항일 투쟁으로 발전

2. 통리기무아문

설치: 1880년 개화 정책 총괄 관청

기능: 별기군 창설, 신문 발행, 외국어 교육 등

→ 근대 행정 개혁의 출발점, 개화기 개혁 정책의 중심 축

3. 신민회

성격: 1907년 비밀 결사 / 안창호, 이승훈 등 조직

활동: 민족 교육(오산학교, 대성학교), 산업 진흥, 국외 독립운동 준비

→ 비폭력 독립운동 + 근대적 민족 운동 조직, 105인 사건으로 해체

"역포의
한국사"

6장 **일제강점기**

무단 통치 (1910년)

- **요약**

  1910년대 일제는 헌병경찰을 앞세워 강압적인 무단 통치를 시행했다

- **배경**

  한일병합조약 체결 후 일본이 조선을 강하게 지배하려 했다
  조선인의 저항을 막기 위해 군대를 앞세운 강압적인 통치를 실시했다

- **핵심내용**

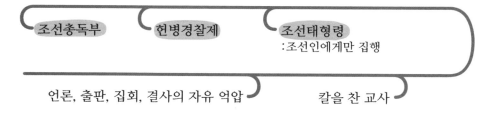

조선총독부　　　헌병경찰제　　　조선태형령
　　　　　　　　　　　　　　　　　:조선인에게만 집행

언론, 출판, 집회, 결사의 자유 억압　　　칼을 찬 교사

- **결과**

  조선인의 반발이 커지며 3·1운동이 전국적으로 확산되었다
  일본은 무단통치의 한계를 느끼고 문화통치로 통치 방식을 변경했다

- **어휘**

  헌병경찰제: 일본군 헌병이 경찰 업무도 수행한 제도
  태형령: 죄 지은 사람의 엉덩이를 때리는 형벌

혀니샘의 꼭 나와!

조선총독부는 일반 경찰이 아닌 OO경찰을 통해 민간인을 감시하고 탄압했다
1910년대 조선총독부는 조선인들에게만 OO령을 법적으로 허용했다

토지 조사 사업 (1910년대)

● **요약**

일제는 토지 조사 사업을 통해 조선의 토지를 강탈하고 식민 지배의 기반을 마련했다

● **배경**

일본은 조선의 토지를 장악해 식민지 경제를 강화하려 했다
조선의 토지 소유권을 정리한다는 명분으로 실시했다

● **핵심내용**

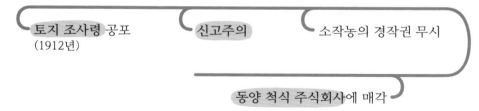

토지 조사령 공포
(1912년)

신고주의

소작농의 경작권 무시

동양 척식 주식회사에 매각

- 결과

  대부분의 농민이 소유권을 증명하지 못해 토지를 빼앗겼다
  일본인과 동양척식주식회사가 조선의 토지를 대량으로 차지했다

- 어휘

  토지 조사령: 토지의 주인,가격,모양,크기등을 정해진 날짜까지 신고해야하는 제도
  소작농: 땅을 빌려 농사짓고 주인에게 소작료를 내는 농민
  동양척식주식회사: 일본이 조선의 토지를 빼앗고 일본인 정착을 지원한 회사

혀니샘의 꼭 나와!

일제는 조선의 토지를 빼앗기 위해 ○○ ○○ ○○을 시행했다
○○ ○○○은 조선인들이 문서로 토지 소유를 입증해야 하는 법령이었다

3·1운동 (1919년)

● **요약**

일제의 식민 통치에 반발해 전국에서 독립 만세운동이 일어났으며 대한민국 임시정부 수립으로 이어졌다

● **배경**

파리 강화 회의에서 윌슨 대통령이 민족 자결주의를 주장했다
도쿄에서 유학생들이 2·8 독립선언을 발표하며 독립운동이 확산되었다

● **핵심내용**

고종의 인산일   비폭력 만세 시위   탑골공원   독립 선언서

대한민국 임시정부   문화 통치   제암리 학살 사건

- **결과**

  전국적으로 독립운동이 퍼지며 대한민국 임시정부가 수립되었다

  일본은 무단통치에서 문화통치로 정책을 변경했다

- **인물**

  유관순, 손병희, 한용운

- **어휘**

  민족 자결주의: 각 민족이 스스로 정치적 운명을 결정할 권리

  인산일: 왕이나 황제 직계 가족의 장례일

  제암리 학살 사건: 3·1운동 때 일본군이 제암리 주민들을 교회에 가둬 학살한 사건

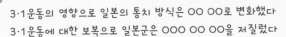

혀니샘의 꼭 나와!

3·1운동의 영향으로 일본의 통치 방식은 ○○ ○○로 변화했다

3·1운동에 대한 보복으로 일본군은 ○○○ ○○ ○○을 저질렀다

대한민국 임시정부 (1919년)

● **요약**

중국 상하이에 대한민국 임시정부가 수립되어 조직적인 독립운동을 전개했다

● **배경**

3·1운동 이후 독립운동을 체계적으로 이끌 조직이 필요해졌다
국내외 독립운동 세력이 힘을 모아 임시정부를 수립하려 했다

● **핵심내용**

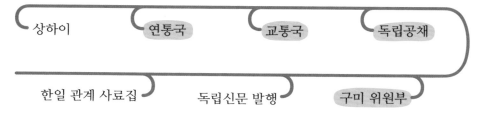

상하이 → 연통국 → 교통국 → 독립공채 → 한일 관계 사료집 → 독립신문 발행 → 구미 위원부

- **결과**

  대한민국 임시정부가 독립운동의 중심 기관 역할을 했다
  이후 국외 무장 독립운동이 활발해지며 항일 투쟁이 강화되었다

- **인물**

  이승만, 안창호, 김구

- **어휘**

  연통제, 교통국: 국내외 독립운동을 연결하기 위해 만든 비밀 조직망
  독립공채: 대한민국 임시정부가 독립운동 자금을 마련하기 위해 발행한 채권
  구미 위원부: 대한민국 임시정부가 미국에서 외교 활동을 위해 설치한 기관

  혀니샘의 꼭 나와!

  대한민국 임시정부는 국내외 연락을 담당하는 OOO와 교통국을 운영했다

  대한민국 임시정부는 OOOO를 발행하여 독립운동 자금을 모았다

문화 통치(1920년대)

- **요약**

  3·1운동 이후 일제는 우리 민족을 회유하려는 문화통치를 실시했다

- **배경**

  3·1운동으로 무단통치에 대한 조선인의 반발이 커졌다
  국제 여론을 의식한 일본이 강압적 통치 대신 회유 정책을 내세웠다

- **핵심내용**

  민족 분열 통치

  보통 경찰제 도입
  → 경찰수 3배

  치안 유지법

  조선인 참정권 허용
  → 친일파 양성

  보통학교 확대
  → 대학설립 억제

  조선일보·동아일보 창간
  → 검열

- **결과**

  조선인 지식층이 증가하며 독립운동의 방식과 목표가 변화했다

  교육과 언론 등의 자유가 일부 허용됐지만 조선인 탄압과 경제 수탈 지속되었다

- **어휘**

  보통 경찰제: 일본이 문화통치 시기, 헌병 경찰을 줄이고 보통 경찰을 도입한 제도

  치안 유지법: 일본이 독립운동과 사회주의 운동을 탄압하기 위해 만든 법

  참정권: 국민이 선거에 참여해 정치에 영향을 미칠 수 있는 권리

혀니샘의 꼭 나와!

일본은 헌병경찰 대신 OO OOO를 도입하며 조선인을 회유하였다

문화 통치 시기, 일본은 독립운동을 탄압하기 위해 OO OOO을 만들었다

산미 증식 계획 (1920년~1934년)

- **요약**

  일제가 일본 내 쌀 부족을 해결하기 위해 조선에서 쌀 생산을 늘리고 수탈했다

- **배경**

  일본의 공업화로 농촌 인구가 줄어들며 쌀 부족이 심화되었다
  조선을 일본의 식량 공급지로 활용하기 위해 쌀 생산을 늘리려 했다

- **핵심내용**

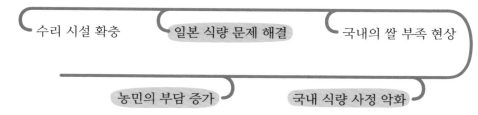

수리 시설 확충　　　일본 식량 문제 해결　　　국내의 쌀 부족 현상

농민의 부담 증가　　　국내 식량 사정 악화

- **결과**

  조선에서 쌀 생산은 늘었지만, 대부분 일본으로 반출되었다

  조선 농민들은 높은 소작료와 식량 부족으로 생활이 더 어려워졌다

- **어휘**

  수탈: 강제로 빼앗거나 착취하는 것

  수리 시설: 농업용 물을 공급하거나 조절하는 시설

  반출: 안에 있던 물건이나 사람을 밖으로 옮겨 내는 것

혀니샘의 꼭 나와!

OO OO OO은 조선에서 늘어난 쌀을 일본으로 반출하기 위한 정책이었다

일제가 조선의 쌀 생산량을 증가시키려 OO OO을 확충했다

봉오동 전투와 청산리 대첩 (1920년)

- **요약**

  독립군이 일본군과 교전하여 봉오동과 청산리에서 대승을 거두었다

- **배경**

  3·1운동 이후 독립군이 만주로 이동해 무장 투쟁을 전개했다
  일본군이 독립군을 탄압하려 하며 만주로 진격했다

- **핵심내용**

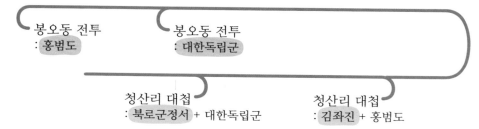

봉오동 전투
: 홍범도

봉오동 전투
: 대한독립군

청산리 대첩
: 북로군정서 + 대한독립군

청산리 대첩
: 김좌진 + 홍범도

- **결과**

  독립군의 승리로 일본군이 보복 공격을 감행하며 간도참변이 발생했다
  일본군의 탄압을 피해 독립군이 소련으로 이동해 자유시참변이 일어났다

- **인물**

  홍범도, 김좌진

- **어휘**

  간도참변: 일본군이 봉오동 전투와 청산리 대첩 후 만주의 조선인을 학살한 사건
  자유시참변: 소련으로 간 독립군이 내부 갈등과 소련군 공격으로 희생된 사건

혀니샘의 꼭 나와!

○○○ 장군이 이끄는 대한독립군이 봉오동에서 일본군을 대파했다
청산리 전투에서 북로군정서를 이끌고 일본군을 대파한 장군은 ○○○이다

물산 장려 운동 (1920년대)

● **요약**

일본 상품을 쓰지 말고 국산품을 애용하자는 경제적 민족 운동이 전국적으로 전개되었다

● **배경**

회사령 폐지로 일본 기업이 조선에 자유롭게 진출하며 경제를 장악하고 있었다
일본 상품의 관세 철폐를 추진하며 조선의 산업이 위기에 처했다

● **핵심내용**

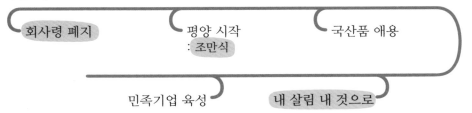

회사령 폐지

평양 시작
: 조만식

국산품 애용

민족기업 육성

내 살림 내 것으로

● 결과

일본의 방해로 큰 성과를 이루지 못하고 점차 약화되었다
사회주의자들은 자본가의 이익만을 위한 운동이라고 비판했다

● 인물

조만식

● 어휘

회사령: 일본이 조선에서 회사를 세울 때 허가를 받도록 한 법
관세: 나라에서 물건을 수입하거나 수출할 때 부과하는 세금

혀니샘의 꼭 나와!

○○ ○○ ○○이 확산되며 '내 살림 내 것으로'라는 구호가 널리 퍼졌다

평양에서 물산장려운동을 주도한 인물은 ○○○이다

6·10 만세운동 (1926년)

- **요약**

  순종의 인산일을 계기로 학생 중심의 대규모 항일 만세운동인 6·10 만세운동이 일어났다

- **배경**

  3·1운동 이후 학생들의 독립운동 역량이 강화되었다
  순종의 서거를 계기로 학생들이 독립 만세 운동을 준비했다

- **핵심내용**

  순종의 인산일   민족주의 + 사회주의   신간회 창립 계기

- **결과**

  일제의 탄압으로 실패했지만 민족운동 세력의 연대가 강화되었다
  이후 신간회 결성과 광주 학생 항일 운동에 영향을 주었다

- **어휘**

  민족주의: 민족 독립을 최우선 과제로 삼고, 지역과 계층을 넘어 단결을 주장한 이들
  사회주의: 노동 계급의 해방과 민족 독립을 동시에 추구한 이들

혀니샘의 꼭 나와!

OO의 인산일에 학생들이 6·10 만세운동을 전개하였다

6·10 만세운동 이후 OOOO와 사회주의 세력 간 연대가 강화되며 신간회 결성의
계기가 마련되었다

신간회 (1927년~1931년)

- **요약**

  민족주의와 사회주의 세력이 연합하여 신간회를 창립하고 항일운동을 전개했다

- **배경**

  6·10 만세운동 이후 민족운동 세력 간 연대의 필요성이 커졌다
  일제 탄압이 심해지며 민족운동을 조직적으로 전개할 필요가 커졌다

- **핵심내용**

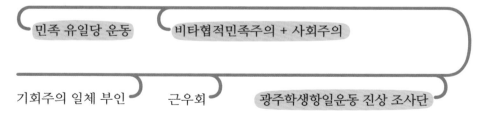

민족 유일당 운동   비타협적민족주의 + 사회주의

기회주의 일체 부인   근우회   광주학생항일운동 진상 조사단

● 결과

민족 유일당 운동이 활발해졌으나 일제의 탄압으로 해체되었다
이후 농민·노동 운동과 항일 운동에 영향을 주었다

● 인물

이상재

● 어휘

비타협적 민족주의: 일제와 타협하지 않고 독립을 목표로 한 민족주의
근우회: 신간회의 영향을 받아 조직된 여성 독립운동 단체
기회주의 일체 부인: 일제와 타협하려는 사람들을 비판함

혀니샘의 꼭 나와!

신간회는 ○○○○ 민족주의와 사회주의 세력이 힘을 합쳐 결성한 민족유일당 운동이다
신간회는 ○○○○○○○○에 진상 조사단을 보내 적극적으로 지원했다

광주학생항일운동 (1929년)

- **요약**

  일제의 민족 차별에 반발해 학생들이 주도한 항일 운동으로 3·1운동 이후 최대 규모이다

- **배경**

  식민지 교육에서 조선인 학생들이 차별받으며 불만이 커졌다
  광주에서 일본인 학생이 조선인 여학생을 희롱하며 충돌이 발생했다

- **핵심내용**

  일본 남학생의 조선 여학생 희롱

  한일 학생 충돌

  신간회 진상 조사단

  일본의 차별적 처벌

● 결과

운동이 전국으로 확산되며 3·1운동 이후 최대 규모의 학생운동이 되었다
일제의 탄압으로 학생들이 체포·퇴학되었지만 이후 학생 독립운동에 영향을 주었다

● 인물

신간회

● 어휘

희롱: 상대를 무시하거나 장난스럽게 괴롭히는 행동
진상 조사단: 사건을 조사하기 위해 보내는 조사단

혀니샘의 꼭 나와!

일본인 남학생이 조선인 여학생을 희롱한 사건을 계기로 OOOOOOOO이 일어났다
OOO는 진상 조사단을 보내 항일 운동을 지원하였다

민족 말살 통치 (1930년대)

● 요약

일본은 황국신민화를 강요하며 조선어 사용을 금지하고 조선인을 전쟁에 동원했다

● 배경

일본은 세계 경제 대공황으로 경제가 어려워지자 대륙 침략으로 위기를 해결하려 했다
중·일전쟁과 태평양전쟁이 벌어지며 일본이 전쟁에 필요한 인력을 확보하려 했다

● 핵심내용

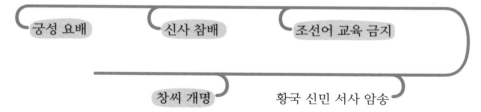

궁성 요배   신사 참배   조선어 교육 금지

창씨 개명   황국 신민 서사 암송

- 결과

  조선어 사용 금지, 창씨개명 강요 등 조선인의 정체성을 억압했다
  징병제·징용제 실시로 많은 조선인이 강제 동원되며 희생되었다

- 어휘

  궁성 요배: 일본 왕이 있는 궁을 향해 절하도록 강요한 행위
  신사 참배: 일본 신에게 절하도록 강요한 행동
  창씨 개명: 조선인의 성과 이름을 일본식으로 바꾸도록 강요한 정책

혀니샘의 꼭 나와!

조선인들은 ○○ ○○을 강요받아 일본식 성과 이름을 사용해야 했다

조선인들에게 일본 왕에 대한 충성을 강요하기 위해 ○○ ○○ ○○를 암송하게 했다

한인애국단 (1931년)

● 요약

상하이에서 조직된 항일독립운동 단체로 일본의 주요인물을 암살하려는 목적으로
조직되었다

● 배경

대한민국 임시정부가 독립운동 침체를 극복하고 무력 투쟁을 강화하려 했다
김구가 일본의 주요 인물을 제거해 국제 사회에 독립운동을 알리려 했다

● 핵심내용

김구 설립   윤봉길 의거   이봉창 의거
                  : 상하이 홍커우 공원   : 일본 도쿄

● **결과**

이봉창과 윤봉길의 의거로 일본에 큰 충격을 주었다
윤봉길 의거 이후 중국이 임시정부 지원을 강화하며 독립운동이 활발해졌다

● **인물**

김구, 윤봉길, 이봉창

● **어휘**

암살: 정치적 목적을 가지고 몰래 사람을 죽이는 행위
의거: 나라를 위해 정의로운 뜻을 품고 결행한 거사

혀니쌤의 꼭 나와!

○○는 한인애국단을 조직하여 적극적인 항일 무장 투쟁을 추진했다
상하이에서 일본군 고위 관리들을 암살한 독립운동가는 ○○○이다

국가총동원법 (1938년)

● 요약

일제는 조선의 인력과 물자를 전쟁에 강제로 동원하기 위해 국가총동원법을 제정했다

● 배경

중·일전쟁과 태평양전쟁으로 일본이 전쟁에 필요한 자원을 확보하려 했다
조선의 인력과 물자를 전쟁에 동원하기 위해 국가총동원법을 제정했다

● 핵심내용

징용제　　　　　　징병제　　　　　　남면북양정책

식량 배급제　　　　위안부　　　　　　공출

● 결과

조선인들에게 징병제·징용제가 강제되며 전쟁에 동원되었다
식량과 물자가 부족해지며 조선인의 생활이 더욱 어려워졌다

● 어휘

징병제: 조선인 청년들을 강제로 일본군에 끌어가는 제도
남면북양정책: 남쪽에서는 면화를, 북쪽에서는 양을 키우도록 강요한 정책
공출: 일본이 전쟁에 필요한 식량과 물자를 조선에서 강제로 가져간 것

혀니샘의 꼭 나와!

OOO 도입으로 조선 청년들은 일본군으로 끌려가 전쟁에 참여해야 했다

일제는 OO을 통해 조선에서 쌀과 금속 등을 강제로 수탈했다

민족 문화 수호 운동 (1930년대)

● 요약

일제의 민족 말살 통치에 맞서 조선어 보급, 역사 연구 등 민족 문화를 지키려고 노력했다

● 배경

일본이 민족 말살 통치를 강화하며 조선어 사용과 전통문화를 탄압했다
우리말과 역사를 지키려는 움직임이 확산되며 민족 문화 수호 운동이 전개되었다

● 핵심내용

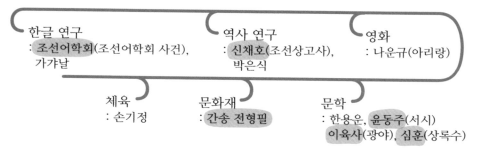

한글 연구
: 조선어학회(조선어학회 사건),
가갸날

역사 연구
: 신채호(조선상고사),
박은식

영화
: 나운규(아리랑)

체육
: 손기정

문화재
: 간송 전형필

문학
: 한용운, 윤동주(서시)
이육사(광야), 심훈(상록수)

- **결과**

  한국사 연구와 전통문화 보존 노력이 이어지며 광복 후 한글과 역사 교육이
  강화되었다

- **인물**

  조선어학회, 신채호, 박은식, 나운규, 윤동주, 이육사, 심훈, 전형필, 손기정

- **어휘**

  조선어학회 사건: 일본이 조선어학회를 독립운동과 연관 지어 회원들을 체포한 사건
  가갸날: 한글의 소중함을 알리기 위해 만든 기념일, 후에 한글날로 변경됨

  혀니쌤의 꼭 나와!

  ○○○가 저술한 조선상고사는 한국사의 독자성을 강조했다
  국어 연구와 사전 편찬을 목적으로 설립된 단체는 ○○○○○이다

혀니쌤의 "좀 더 들어가 볼까?"

1910년대
● 국내
- 독립의군부
- 대한광복회: 박상진, 김좌진
● 국외
- 서로군정서
- 신흥강습소 (신흥무관학교)
- 중광단(대종교)
  → 북로군정서: 김좌진
- 대한 광복군 정부
  : 이상설, 이동휘
- 흥사단: 안창호

1920년대
● 국외
- 의열단: 김원봉
- 대한독립군: 홍범도
- 북로군정서: 김좌진
- 참의부 / 정의부 / 신민부

1930년대
● 국외
- 한인애국단: 이봉창, 윤봉길
- 한국독립군: 지청천
- 조선혁명군: 양세봉
- 조선의용대: 김원봉

1940년대
● 국외
한국광복군: 지청천, 김원봉
조선의용군: 김두봉

"역포의
한국사"

7장 **광복** 후 **현대**

8·15 광복 (1945년)

● **요약**

1945년 8월 15일, 일제가 제2차 세계대전에서 패망하며 조선이 광복을 맞이했다

● **배경**

일본이 전쟁에서 지면서 더 이상 조선을 지배할 힘이 없었다
미국이 원자폭탄을 떨어뜨리고 소련이 일본과 싸우며 일본이 항복했다

● **핵심내용**

제2차 세계대전

조선건국위원회
: 여운형

38도선
: 미국군(남)과 소련군(북)

- 결과

  조선이 일본에서 독립했지만, 곧바로 미군과 소련군이 한반도를 나눠 주둔했다
  정부 수립을 둘러싼 갈등으로 남한에는 대한민국, 북한에는 북한 정권이 세워졌다

- 인물

  여운형, 이승만, 김구

- 어휘

  패망: 전쟁에서 져서 나라가 무너지는 것
  38도선: 미국과 소련이 한반도를 나누어 점령한 경계선(북위38도)
  주둔: 군대가 특정 지역에 머무르며 지키는 것

  혀니샘의 꼭 나와!

  ㅇㅇㅇㅇㅇㅇㅇ는 광복 직후 조선의 독립 정부 구성을 위해 여운형이 만든한 단체였다
  미국과 소련은 한반도를 ㅇㅇㅇ선을 기준으로 분할 점령하였다

모스크바 3국 외상회의(1945년)

- **요약**

  미국·영국·소련이 한반도의 신탁통치와 임시정부 수립을 논의했다

- **배경**

  제2차 세계대전이 끝나고 한반도의 미래를 결정할 필요가 생겼다
  미국, 영국, 소련이 한반도 문제를 논의하기 위해 회의를 열었다

- **핵심내용**

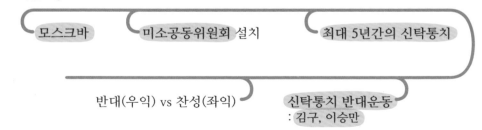

모스크바

미소공동위원회 설치

최대 5년간의 신탁통치

반대(우익) vs 찬성(좌익)

신탁통치 반대운동
: 김구, 이승만

- 결과

  한반도에 임시정부를 세우고 5년 동안 신탁통치를 하기로 결정했다
  신탁통치를 둘러싸고 찬반 갈등이 심해지며 남북 분단이 심화되었다

- 인물

  이승만, 김구

- 어휘

  신탁통치: 한 나라가 독립할 때까지 다른 나라가 대신 다스리는 것
  우익: 자유주의를 지지
  좌익: 사회주의를 지지

혀니샘의 꼭 나와!

OOOO 3국 외상회의에서 한국의 독립 문제와 신탁통치안이 결정되었다
OOOOOOO는 미국과 소련이 참여하여 임시정부 구성을 논의하는 기구였다

좌우 합작 운동 (1946년~1947년)

● **요약**

좌익과 우익이 협력해 통일 정부를 세우려 했으나 실패했다

● **배경**

1차 미·소 공동위원회가 결론을 내리지 못하고 무기한 휴회되었다
이승만이 정읍 발언을 통해 남한만의 단독 정부 수립을 주장했다

● **핵심내용**

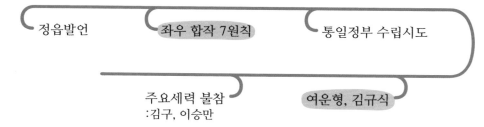

정읍발언

좌우 합작 7원칙

통일정부 수립시도

주요세력 불참
: 김구, 이승만

여운형, 김규식

- 결과

  미군이 좌우 합작 운동에 대한 지원을 철회했다
  여운형이 암살당하며 통일 정부 수립이 더욱 어려워졌다

- 인물

  여운형, 김규식

- 어휘

  정읍발언: 이승만이 남한만의 단독 정부 수립을 주장한 연설
  좌우 합작 7원칙: 좌익과 우익이 협력해 통일 정부를 세우기 위해 합의한 원칙
  철회: 이미 결정한 일을 취소하고 중단하는 것

> **혀니쌤의 꼭 나와!**
>
> ○○ ○○ 7원칙 발표 이후 좌우 합작 운동이 본격적으로 전개되었다
>
> ○○○과 김규식은 좌우 합작을 통해 민족 통합 정부를 수립하려 했다

대한민국 정부 수립 (1948년)

● 요약

1948년 8월 15일 대한민국 정부가 세워지면서 한반도의 분단이 굳어졌다

● 배경

남북 협상이 결렬되고 남한에서만 단독 선거가 실시되었다
유엔의 승인 아래 1948년 8월 15일 대한민국 정부가 수립되었다

● 핵심내용

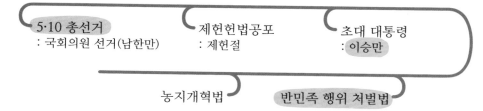

5·10 총선거
: 국회의원 선거(남한만)

제헌헌법공포
: 제헌절

초대 대통령
: 이승만

농지개혁법

반민족 행위 처벌법

- 결과

  대한민국 정부가 세워지며 한반도가 완전히 나뉘게 되었다
  북한도 조선민주주의인민공화국을 세우며 남북 대립이 더 커졌다

- 인물

  이승만, 이시영

- 어휘

  5·10 총선거: 대한민국 정부 수립을 위해 남한에서 처음 실시된 국회의원 선거
  제헌헌법: 대한민국이 처음 만든 헌법으로, 정부 운영의 기본 틀을 정한 법
  반민족 행위 처벌법: 일제 강점기 때 일본에 협력한 사람들을 처벌하기 위해 만든 법

  혀니샘의 꼭 나와!

  0·00 000를 통해 대한민국의 국회의원들이 선출되었다

  000은 남한 단독 정부 수립을 주장하며 초대 대통령이 되었다

제주 4·3 사건 (1948년)

● 요약

제주에서 단독 선거 반대 시위가 발생했고, 진압 과정에서 많은 민간인이 희생되었다

● 배경

남한만의 단독 선거를 반대하며 제주도에서 시위가 일어났다
미군정과 경찰이 강경 대응하며 충돌이 발생했다

● 핵심내용

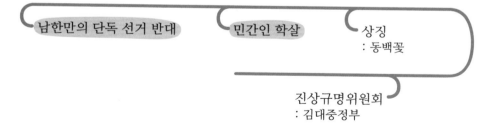

남한만의 단독 선거 반대

민간인 학살

상징
: 동백꽃

진상규명위원회
: 김대중정부

- **결과**

  정부가 군대를 투입하며 많은 제주도 주민이 희생되었다
  남한에서 공산주의 세력을 탄압하는 분위기가 강해졌다

- **어휘**

  미군정: 해방 후 미군이 한반도 남쪽을 다스리며 행정을 담당한 체제
  학살: 무고한 사람들을 집단적으로 죽이는 행위
  진상규명위원회: 과거 사건의 진실을 밝히고 피해자를 조사하기 위해 만든 조직

혀니샘의 꼭 나와!

OO O·O 사건은 정부의 강경 진압으로 수만 명의 제주도민이 희생되었다

제주도에서는 OO만의 단독 선거를 반대하며 시위가 일어났다

6·25 전쟁 (1950년~1953년)

● 요약

1950년 북한군이 남침하며 6·25 전쟁이 발발했고, 1953년 정전협정이 체결되었다

● 배경

남한과 북한이 서로 다른 정부를 세우며 갈등이 심해졌다
소련과 중국의 지원을 받은 북한이 한반도 통일을 목표로 남침했다

● 핵심내용

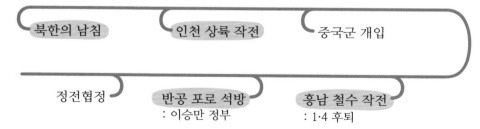

북한의 남침

인천 상륙 작전

중국군 개입

정전협정

반공 포로 석방
: 이승만 정부

흥남 철수 작전
: 1·4 후퇴

- **결과**

  전쟁으로 많은 전쟁고아와 이산가족이 발생했다

  한·미 상호방위조약이 체결되며 미국의 군사적 지원이 강화되었다

- **인물**

  이승만, 김일성, 맥아더 장군

- **어휘**

  반공 포로: 공산주의를 반대하며 북송을 거부한 북한군 포로

  정전: 전쟁 중 싸움을 멈추는 것, 공식적으로 전쟁이 끝난 것은 아님

  한·미 상호방위조약: 한국과 미국이 군사적으로 서로 돕기로 한 조약

  혀니쌤의 꼭 나와!

  북한의 ○○으로 인해 6.25 전쟁이 발발하였다

  유엔군이 전쟁의 주도권을 되찾기 위해 감행한 상륙 작전은 ○○ ○○ ○○ 이다

4·19 혁명 (1960년)

● 요약

이승만 정부의 부정 선거에 반발해 전국적으로 시위가 일어나며 결국 이승만이 하야했다

● 배경

이승만 정부의 장기 집권과 독재 정치에 대한 불만이 커졌다
3·15 부정선거가 벌어지며 국민의 분노가 폭발했다

● 핵심내용

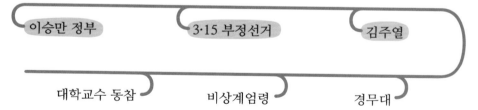

이승만 정부   3·15 부정선거   김주열

대학교수 동참   비상계엄령   경무대

- 결과

  이승만 대통령이 하야하며 장면 내각이 구성되었다
  총리가 나라를 운영하는 **내각책임제**가 도입되었다

- 인물

  이승만, 김주열

- 어휘

  하야: 대통령이나 높은 자리에 있는 사람이 스스로 자리에서 물러나는 것
  3·15 부정선거: 이승만 정부가 4대 대통령 선거에서 승리하려고 투표를 조작한 사건
  내각책임제: 대통령이 아닌 국무총리가 나라를 운영하는 정치 제도

  혀니샘의 꼭 나와!

  OOO은 부정 선거에 항의하는 시위 도중 경찰의 탄압으로 희생되었다
  O·OO OOOO 로 학생과 시민들이 부정선거에 항의하며 4·19 혁명을 일으켰다

5·16 군사정변 (1961년)

- **요약**

  박정희를 비롯한 군부 세력이 정권을 장악하며 군사 정권이 수립되었다

- **배경**

  4·19 혁명 이후 정부가 혼란을 겪으며 경제와 사회 불안이 커졌다
  박정희를 비롯한 군부 세력이 이를 해결한다는 명분으로 군사정변을 일으켰다

- **핵심내용**

  박정희　　　　국가재건최고회의　　　　중앙정보부

  경제개발 5개년계획　　　　대통령중심제

● 결과

박정희 정부가 수립되며 군사 정권이 본격적으로 시작되었다
군이 정치를 장악하며 민주주의가 크게 후퇴하였다

● 인물

박정희

● 어휘

군부: 나라의 군대를 지휘하고 운영하는 조직
군사정변: 군대가 힘으로 정부를 무너뜨리고 정권을 잡는 일
경제개발 5개년 계획: 나라의 경제를 발전시키기 위해 5년 단위로 세운 계획

혀니샘의 꼭 나와!

1961년 박정희를 중심으로 군부가 정권을 장악한 사건은 ○·○○ ○○○○이다

박정희 정부는 ○○○○○○○○를 구성하여 군사정부가 입법, 행정, 사법을 장악했다

10·26 사건 (1979년)

- **요약**

  김재규가 박정희 대통령을 암살하며 유신 체제가 붕괴되었다

- **배경**

  유신 체제가 계속되며 박정희의 장기 독재에 대한 국민 불만이 커졌다
  부마 항쟁을 계기로 박정희 정권에 대한 전국적 저항이 확산되었다

- **핵심내용**

  박정희 암살   김재규   최규하 과도 정부

  12·12 군사 쿠데타

- **결과**

  유신 체제가 종결되며 최규하를 중심으로 한 과도 정부가 출범했다
  이후 12·12 군사 반란이 일어나며 군부가 다시 정권을 잡았다

- **인물**

  박정희, 김재규, 최규하, 전두환

- **어휘**

  유신 체제: 박정희가 장기 집권을 위해 만든 강압적인 독재 체제
  부마 항쟁: 유신 체제에 반대하며 부산과 마산에서 일어난 민주화 시위
  과도 정부: 정권 교체나 혼란 속에서 임시로 운영되는 정부

  혀니샘의 꼭 나와!

  OO·OO 사건으로 인해 유신 체제가 무너지고 새로운 정치 질서가 형성되었다
  박정희 대통령 사망 후 과도 정부를 이끈 체제는 OOO 과도 정부이다

12·12 군사 쿠데타 (1979년)

- **요약**

  전두환을 중심으로 한 신군부 세력이 군사력을 동원해 정권을 장악했다

- **배경**

  10·26 사건 후 최규하 과도 정부가 권력 공백을 극복하지 못했다
  전두환을 중심으로 한 신군부가 군을 장악하고 정권을 잡으려 했다

- **핵심내용**

신군부 → 전두환 → 계엄령 확대 → 제5공화국 수립

- **결과**

  신군부가 군사력을 이용해 권력을 장악하며 군사 정권이 부활했다
  이후 전두환이 대통령이 되고, 5·18 민주화운동이 강제 진압되었다

- **인물**

  전두환, 노태우, 최규하

- **어휘**

  신군부: 전두환을 중심으로 12·12 군사 쿠데타를 일으킨 군대 세력
  계엄령: 군대가 나라의 질서를 유지하기 위해 법을 대신 집행하는 조치
  제5공화국: 12·12 군사 쿠데타 이후 전두환 정부가 세운 새로운 정치 체제

  혀니샘의 꼭 나와!

  1979년 12월 12일 전두환을 중심으로 군부 세력이 정권을 장악한 사건은
  OO·OO OO OOO이다

5·18 광주 민주화 운동 (1980년)

- **요약**

  신군부에 저항한 광주 시민들의 민주화 운동이 군의 무력 진압으로 많은 희생자를 남겼다

- **배경**

  12·12 군사 쿠데타로 신군부가 정권을 장악하며 민주주의가 억압되었다
  전두환이 계엄령을 확대하고 국민의 민주화 요구를 무력으로 막았다

- **핵심내용**

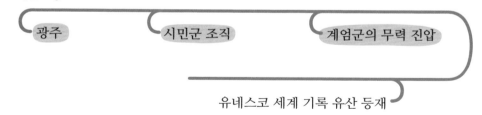

광주 → 시민군 조직 → 계엄군의 무력 진압 → 유네스코 세계 기록 유산 등재

- **결과**

  신군부가 군대를 투입해 강제로 진압하며 수많은 시민이 희생되었다
  이후 민주화 요구가 계속되며 1987년 6월 민주항쟁으로 이어졌다

- **인물**

  전두환

- **어휘**

  민주화: 국민이 정치에 자유롭게 참여하고 권리를 보장받는 것
  유네스코 세계 기록 유산: 유네스코가 지정한 중요한 역사 기록물

혀니샘의 꼭 나와!

1980년 5월, ○○에서 대규모 민주화 운동이 발생했으나 신군부의 무력 진압을 받았다
○○○ 조직을 통해 시민들은 신군부의 부당한 폭력에 맞서 조직적으로 대응했다

6월 민주 항쟁 (1987년)

- **요약**

  전두환 정권의 독재에 반발해 국민이 시위했고, 결국 대통령 직선제가 도입되었다

- **배경**

  전두환 정부가 4·13 호헌조치를 발표하며 대통령 직선제를 거부했다
  서울에서 민주화를 요구하는 대규모 시위가 발생했다

- **핵심내용**

전두환 정부   박종철 고문 치사 사건   4·13 호헌조치

대통령 직선제   6·29 선언   이한열

- 결과

  국민의 저항으로 정부가 6·29 선언을 발표하며 직선제를 수용했다

  직선제로 선거가 치러졌지만, 야권 분열로 군부 세력인 노태우가 당선되었다

- 인물

  박종철, 이한열, 전두환, 노태우

- 어휘

  4·13 호헌조치: 전두환 정부가 대통령 직선제를 거부한 발표

  대통령 직선제: 국민이 직접 대통령을 뽑는 선거 방식

  6·29 선언: 노태우가 대통령 직선제 도입을 약속한 발표

  혀니쌤의 꼭 나와!

  대통령 직선제를 거부하고 기존 체제를 유지하겠다고 발표한 조치는 ○·○○ ○○조치이다

  ○·○○ ○○으로 인해 국민들이 요구한 대통령 직선제가 현실화되었다

IMF 외환 위기(1997년)

● 요약

외환 위기로 국가 부도 위기에 처하며 IMF에 구제금융을 요청했다

● 배경

많은 기업이 문을 닫고 실업자가 늘어나 한국 경제가 큰 위기에 빠졌다
국제 신뢰가 떨어지며 외국 자본이 빠져나가 경제가 더 악화되었다

● 핵심내용

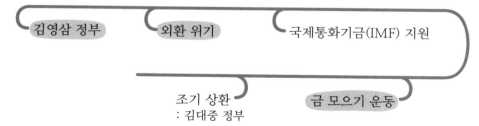

김영삼 정부　　　외환 위기　　　국제통화기금(IMF) 지원

조기 상환
: 김대중 정부　　　금 모으기 운동

- **결과**

  정부가 IMF에 구제금융을 요청하며 강도 높은 경제 개혁이 진행되었다

  기업 도산과 실업 증가로 많은 국민이 경제적 어려움을 겪었다

- **인물**

  김영삼, 김대중

- **어휘**

  금 모으기 운동: 국민들이 자발적으로 금을 기부해 국가 경제를 돕자는 운동

  도산: 기업이나 개인이 빚을 갚지 못해 경제적으로 파산하는 상태

  상환: 빚을 갚는 행위

  혀니샘의 꼭 나와!

  OOO 외환 위기로 인해 기업과 금융기관이 도산하고 대량 실업 사태가 발생했다

  O OOO OO에 동참한 국민들은 결혼반지까지 헌납하며 경제 회복을 돕고자 했다

남북 정상 회담과 6·15 남북 공동선언 (2000년)

- **요약**

  김대중 대통령과 김정일이 첫 정상 회담을 열고, 6·15 남북 공동선언을 발표했다

- **배경**

  김대중 정부의 햇볕정책으로 남북 관계 개선을 위한 대화가 이어졌다
  북한이 국제 고립을 극복하려 남북 정상 회담을 제안했다

- **핵심내용**

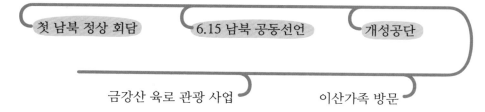

첫 남북 정상 회담   6.15 남북 공동선언   개성공단

금강산 육로 관광 사업   이산가족 방문

- 결과

  남북 정상 회담이 정기적으로 열리며 지속적인 대화가 이어졌다
  김대중 대통령은 노벨 평화상을 수상하며 평화적 노력의 가치를 인정받았다

- 인물

  김대중, 김정일

- 어휘

  햇볕 정책: 김대중 정부가 북한과의 평화적 교류를 목표로 추진한 대북 정책
  정상회담: 각 나라 정상 간의 직접 대화를 통해 이루어지는 중요한 회담
  6·15 공동선언: 2000년 남북 정상 회담에서 발표된 평화와 협력의 의지를 담은 선언

  혀니샘의 꼭 나와!

  0·00 남북 공동선언에서는 남북이 자주적으로 통일을 추진하기로 약속했다

  2000년 김대중 대통령과 김정일 국방위원장이 만나 첫 00 00 00을 진행했다

혀니쌤의 "좀 더 들어가 볼까?"

1. 박정희 정부

경제 개발 5개년 계획 – 경부 고속도로 건설, 수출 산업 육성

한일 국교 정상화 – 일본과 수교, 경제 자금 확보, 미국의 요청

유신 체제 – 유신 헌법 개정 통한 대통령 장기 집권

7·4 남북 공동성명 – 남북 최초 합의, 평화 통일 원칙 발표

2. 전두환~노태우 정부

남북 이산가족 고향 방문 – 최초 이산가족 상봉 성사 (전두환)

서울 올림픽 – 국제 이미지 개선, 체제 정당화 (노태우)

남북 기본 합의서 – 화해·불가침·교류 협력 약속 (노태우)

3. 김영삼~김대중 정부

지방자치제 전면 실시 – 단체장·지방의회 직접 선출 (김영삼)

IMF 외환 위기 – 외환 부족으로 국제 구제금융 요청 (김영삼)

6·15 남북 공동선언 – 최초 남북 정상회담, 통일 3단계 합의 (김대중)

"역포의
한국사"

부록1_시대별 제도 변화

시대별
제도 변화

	고구려	백제	신라
수도	졸본, 국내성, 평양	위례성, 웅진, 사비	경주
행정제도(중앙 / 지방)	5부 / 5부	5부 / 5방 22부, 22담로	6부 / 5주
정치제도	10여 등급	16등급	17등급
귀족회의 / 중앙부서	제가회의	정사암회의	화백회의
귀족대표 / 수상	대대로	상좌평	상대등
군사제도 (중앙군 / 지방군)			
교육제도 중앙	태학	오경박사	화랑도
교육제도 지방	경당		

통일신라	발해	고려	조선전기	조선후기
경주	상경	철원,개경	개경, 한양	한양
9주5소경	5경 15부 62주	5도 양계 3경, 12목	한성부 8도	한성부 8도
집사부	3성6부	2성 6부	의정부	의정부
집사부	정당성	~~중서문하성~~ 도병마사	의정부	비변사
시중	대내상	문하시중	영의정	영의정
9서당 / 10정	10위 / 지방군	2군 6위 주현군, 주진군	5위 / 지방군, 잡색군	5군영 / 속오군
국학	주자감	국자감	성균관 / 4부 학당	성균관 / 4부 학당
		향교	서당, 서원, 향교	서당, 서원, 향교

"역포의
한국사"

부록2_시대별 지도

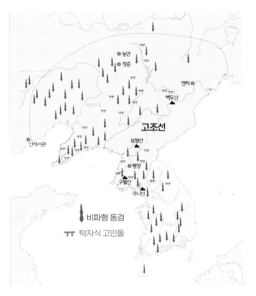

고조선의 문화 범위

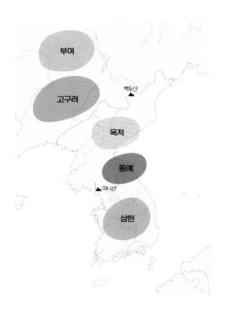

철기시대 여러 나라의 성장

시대별 지도

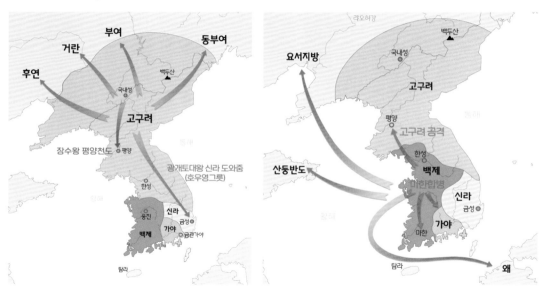

고구려

후연
거란
부여
동부여
백두산
국내성
고구려
장수왕 평양천도 · 평양
광개토대왕 신라 도와줌
(호우명그릇)
한성
웅진
신라
금성
백제
가야
금관가야
탐라

고구려의 전성기

요서지방
라오허강
백두산
국내성
고구려
평양
고구려 공격
한성
백제
마한합병
산둥반도
신라
금성
마한
가야
탐라
왜

백제의 전성기

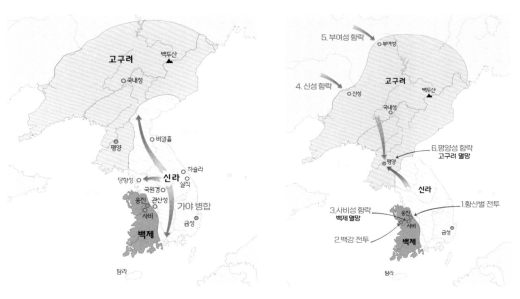

신라의 전성기   삼국통일 과정

동해

황해

평양

1. 매소성 전투

웅진

사비

신라

2.기벌포 전투

탐라

나당 전쟁

거란

송화강

상경 용천부

동모산

발해

중경 현덕부

동경 용원부

당

서경 압록부

백두산

남경 남해부

동해

황해

신라

금성

탐라

발해

1.왕건 고려건국 (918)

철원
송악(개성)
고려
한강

3.고창 전투 (930)
고창(안동)
고려 vs 후백제 (고려 승리)

6.후백제 멸망 (936)
금강
금성

완산주(전주)
공산(대구)
5.신라 항복 (935)
경순왕

4.후백제의 내분 (935)
백제
신라
견훤 vs 신검 (견훤 고려 귀순)

2.공산 전투 (927)
고려 vs 후백제 (후백제 승리)

탐라

후삼국 통일과정

시대별 지도

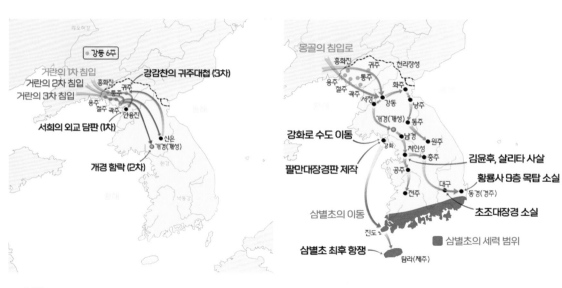

강동 6주

거란의 1차 침입
거란의 2차 침입
거란의 3차 침입

강감찬의 귀주대첩 (3차)

서희의 외교 담판 (1차)

개경 함락 (2차)

흥화진
귀주
통주
용주
철주
곽주
안융진
신은
개경(개성)

몽골의 침입로

흥화진
귀주
천리장성
용주
철주
통주
곽주
화주
서경
강동
낭주
개경(개성)
동주
남경
원주
강화로 수도 이동
강화
처인성
충주
팔만대장경판 제작
공주
김윤후, 살리타 사살
대구
황룡사 9층 목탑 소실
전주
동경(경주)
초조대장경 소실
삼별초의 이동
진도
■ 삼별초의 세력 범위
삼별초 최후 항쟁
탐라(제주)

고려 vs 거란 전쟁   고려 vs 몽골 전쟁

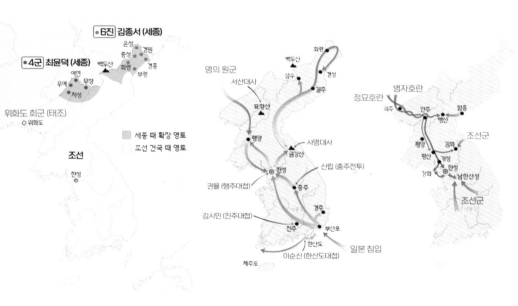

조선 태조~세종

임진왜란

정묘호란

시대별 지도 [6.25 전쟁 전개 과정]

북한군의 남침

국군과 국제 연합군의 반격

중국군의 개입

중국군 개입

백두산

흥남

흥남 철수

평양

원산

울릉도

독도

서울

중국군 최대 남침선

국군과 유엔군의 후퇴

부산

제주도

굳어버린 전선과 정전 협정

백두산

북한군과 중국군

평양

판문점

정전 협정 체결 (1953)

울릉도

서울

독도

국군과 유엔군

부산

제주도

"역포의
한국사"

부록3_시대별 국가유산

시대별 국가유산

주먹도끼
구석기

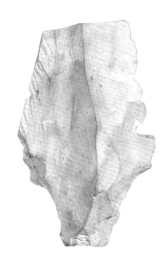

슴베찌르개
구석기

시대별 국가유산

빗살무늬 토기
신석기

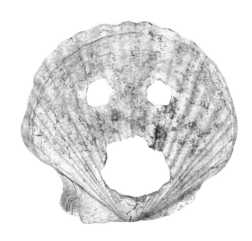

조개가면
신석기

갈돌과 갈판
신석기

가락바퀴
신석기

시대별 국가유산

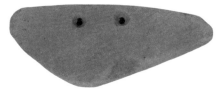

반달돌칼
청동기

고인돌
청동기

비파형 동검
청동기

농경문
청동기

시대별 국가유산

민무늬 토기
청동기

명도전
철기

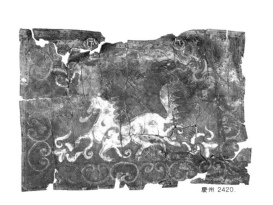

慶州 2420.

천마도

고구려

금동연가 7년명 여래 입상

고구려

시대별 국가유산

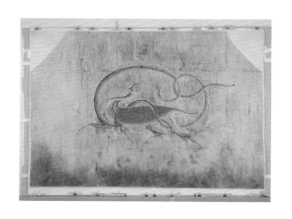

사신도 중 현무도

고구려

무령왕릉

백제

부여 정림사지 5층석탑

백제

익산 미륵사지 석탑

백제

시대별 국가유산

서산 용현리 마애여래삼존상

백제

백제 금동대향로

백제

칠지도

백제

산수무늬 벽돌

백제

273

첨성대

신라

경주 분황사 모전석탑

신라

임신서기석

신라

호우명 그릇

신라

시대별 국가유산

경주 배동 석조여래삼존입상

신라

가야 판갑옷

가야

기마인물형 토기
가야

이차돈 순교비
통일신라

시대별 국가유산

화순 쌍봉사 철감선사탑

통일신라

불국사 삼층석탑

통일신라

성덕대왕신종

통일신라

경주 석굴암 본존불

통일신라

논산 관촉사 미륵보살입상

고려

안동 이천동 마애 여래입상

고려

청자 상감 물가풍경무늬 매병

고려

평창 월정사 8각 9층석탑

고려

시대별 국가유산

청자 참외모양 병

고려

자격루

조선 전기

앙부일구

조선 전기

분청사기 조화 모란무늬 병

조선 전기

고사관수도

조선 전기

호패

조선 전기

혼천의
조선 전기

백자 항아리
조선 후기

인왕제색도

조선 후기

김홍도 서당

조선 후기

신윤복 단오
조선 전기

민화
조선 후기

시대별 국가유산

대동여지도
조선 후기

척화비
조선 후기

"역포의
한국사"

부록4_시대별 기출 사료

훈요 10조   - 고려사

1조. 불교의 힘으로 나라를 세웠으므로, 사찰을 세우고 주지를 파견하여 불도를 닦도록 하라.

2조. 모든 사원은 도선의 풍수 사상에 따라 세운 것이니 이 외에는 함부로 사원을 짓지 말라.

4조. 중국의 풍습을 억지로 따르지 말고, 거란의 언어와 풍습은 다르므로 의관 제도를 본받지 말라.

5조. 서경은 우리나라 땅 형세의 근본이 되니, 백 일 이상 머물러 왕실의 안녕을 이루도록 하라.

6조. 나의 지극한 소원은 연등회와 팔관외를 베푸는 데 있다. 후세에 간신들이 이 행사를 더하거나 줄이자고 하여도 결코 들어주지 말라.

묘청의 서경 천도 운동 - 고려사

이때에 묘청 등이 상소하여 아뢰기를, "신 등이 서경의 임원역 땅을 살펴보니, 이곳이 음양을 연구하는 학자들이 이른 바 큰 꽃모양의 형세이니, 만약 궁궐을 세우고 그곳에 거처하신다면 천하를 통일할 수 있고, 금나라가 폐백을 가지고 스스로 항복할 것이며, 서른여섯 나라가 모두 신하와 첩이 될 것입니다."라고 하였다.

최승로의 시무 28조 　　　　　　　　　　　　　　　 - 고려사

7조. 임금이 백성을 다스린다고 해서, 일일이 집집마다 찾아가거나 날마다 살펴볼 수는 없습니다.그래서 고을마다 수령을 보내어 백성의 이익과 피해를 대신 살피게 하는 것입니다.

13조. 우리나라는 해마다 봄에는 연등회, 겨울에는 팔관회를 열어 많은 백성을 동원해 행사를 치르니,그 노역이 매우 번거롭고 부담이 큽니다.부디 이런 행사를 대폭 줄여 백성의 고생을 덜어주시기를 바랍니다.

20조. 불교를 믿는 일은 몸과 마음을 닦는 데 근본이 되며, 유교를 실천하는 일은 나라를 다스리는 바탕이 됩니다.몸을 닦는 일은 내세를 위한 준비이고, 나라를 잘 다스리는 일은 지금 당장의 중요한 과제입니다.

만적의 난

- 고려사절요

사노비인 만적, 미조이, 연복, 성복, 소삼, 효삼 등 여섯 명은 북산에서 나무를 하던 중,
관청과 사가의 다른 노비들을 불러 모아 함께 의논하였다.
"경인년(1170)과 계사년(1173) 이후로, 벼슬아치들 가운데서도 천한 신분 출신이
적지 않게 나왔다. 장군이나 재상이 따로 태생이 정해져 있는 것도 아닌데, 때가 되면
우리도 할 수 있는 것 아니겠는가."

시대별 기출 사료

서희의 외교담판   - 고려사절요

거란 소손녕.
"너희 나라는 신라에서 비롯된 나라인데, 지금 고구려의 옛 땅을 침범해 조금씩 차지하고 있지 않느냐. 게다가 우리와 국경을 맞대고 있으면서도, 바다를 건너 송나라를 섬기고 있으니, 우리 대국이 이번에 군사를 이끌고 온 이유가 바로 그것이다."

고려 서희.
"우리 나라는 고구려의 옛 영토를 계승한 나라로, 그래서 국호를 고려라 하고 평양을 도읍으로 삼은 것입니다. (중략) 만약 여진을 몰아내고 그 땅을 다시 저희에게 돌려주어, 성과 보루를 쌓고 길을 열어 주신다면, 저희가 어찌 조공과 외교의 예를 다하지 않겠습니까?"

무신정변   - 고려사

정축년, 왕이 보현원으로 가는 길에 오문 앞에 이르러 수행하던 신하를 불러 술자리를 가졌다. 술이 거나해지자 왕은 좌우의 신하들을 둘러보며, "장하다! 이 땅은 병법을 익히기에 더없이 좋은 곳이로다."라고 말하였다. 곧 무신들에게 명하여 오병수박희를 하게 했다.

날이 저물 무렵, 왕의 가마가 보현원 근처에 도착하자 이고와 이의방이 먼저 달려가 왕명을 가장해 순찰 군을 소집했다.왕이 막 보현원의 문으로 들어가고, 신하들이 물러나려던 순간,이고 일당은 임종식, 이복기, 한뢰 등을 살해하고,왕을 따르던 문신과 대신들, 그리고 환관들까지 모두 죽였다.

또한 개경에 있던 문신 50여 명도 이때 함께 희생되었다.이후 정중부 등이 왕을 궁궐로 모시고 돌아왔다.

의정부 서사제   - 조선왕조실록 세종실록

육조에서는 각각 맡은 직무를 먼저 정부에 품의하고, 의정부에서는 그 가부를 의논하여 아뢴 뒤에 분부를 받아 다시 육조로 돌려보내어 시행하게 한다.

다만, 이조와 병조에 서의 관리 임명이나, 병조의 군사 동원, 형조에서 사형수를 제외한 형벌 결정은 해당 부서가 직접 아뢰어 시행하게 하되, 곧바로 정부에 보고하도록 한다.

현량과   - 조선왕조실록 중종실록

"이자가 아뢴 말은 신 등이 늘 하고 싶었던 일입니다.
지방의 경우는 감사, 수령이, 서울의 경우는 홍문관, 여섯 부서(육경), 대간이 모두 재주와 인품이 있어 임용할 만한 사람을 천거하여, 큰 뜰에 모아 놓고 임금께서 직접 정책을 물으신다면 인재를 많이 얻을 수 있을 것입니다. 이는 조상 임금들이 하지 않았던 일이오, 한나라의 '현량과', '방정과'의 뜻을 이은 것입니다.
덕행은 여러 사람이 천거하는 것이니 반드시 헛되거나 그릇됨이 없을 것이요, 또한 대책을 통해 그가 하려고 하는 방법을 알 수 있을 것이며, 이 두 가지 모두에 있어 손해가 없을 것입니다."

초계문신제
— 조선왕조실록 정조실록

초계 문신의 강제에 관한 추가 조항을 반포하였다.
1. 강제의 조건은 모두 원래 조항에 따라 시행한다. 경전을 강의하는 것(강경)과 글을 짓는 것(제술)에는 각기 잘하는 바가 있기 마련이니, 강경을 잘하는 사람이 반드시 제술도 잘하는 것은 아니며, 제술을 잘하는 사람이 반드시 강경도 잘하는 것은 아닌 것이다.
   그러므로 이제부터는 강제 인원을 초계한 뒤, 강경과 제술에의 참여를 모두 자원에 따라 나누어 맡게 한다.

강화도 조약(조일 수호 조규)　　　　　- 조선왕조실록 고종실록

제1관.　조선국은 자주적인 국가로서 일본국과 동등한 권리를 가진다.

제4관.　조선국은 부산 이외에 제5관에 명시된 두 항구를 별도로 개항하여, 일본국 국민이 자유롭게 드나들며 교역할 수 있도록 허가한다.

제7관.　조선 해안의 섬들과 암초들은 그동안 정밀한 조사가 이루어지지 않아 매우 위험하므로, 일본 항해자들이 수시로 해안을 측량하고 위치와 수심을 기록하여 지도를 제작한다.

제10관.　일본국 국민이 조선국이 정한 각 항구에 머무르는 동안, 조선 국민과 관련된 범죄를 저질렀을 경우에는 일본 관원이 심리하고 판결한다.

시대별 기출 사료

을사늑약   - 조선왕조실록 고종실록

제1조.
일본국 정부는 도쿄에 있는 외무성을 통하여, 앞으로 한국의 외국과의 관계 및 사무를 감독하고 지휘할 수 있다.

제2조.
일본국 정부는 그 대표자로서 한국 황제 폐하 곁에 1명의 통감을 두되, 통감은 외교에 관한 사항만을 관할하기 위하여 서울에 주재하며, 한국 황제 폐하를 궁중에서 직접 알현할 권리를 가진다.

홍범 14조   - 조선왕조실록 고종실록

1. 청나라에 기대는 생각을 완전히 버리고, 자주적이고 독립적인 국가의 기초를 굳건히 다진다.

1. 왕실과 국가의 정사는 구분하여, 서로의 사무가 섞이지 않도록 명확히 나눈다.

1. 인재를 등용할 때는 문벌이나 출신에 얽매이지 않고, 조정과 민간에서 널리 인재를 발굴하여 등용의 문을 넓힌다.

유물 출처

- **반달돌칼** [즐거운 역사 체험 어린이 박물관] 국립중앙박물관
- **고인돌** 국가유산청
- **무령왕릉** 국가유산청
- **부여 정림사지 5층석탑** 국가유산청
- **익산 미륵사지 석탑** 국가유산청
- **서산 용현리 마애여래삼존상** 국가유산청
- **첨성대** 국가유산청
- **경주 분황사 모전석탑** 국가유산청
- **경주 배동 석조여래삼존입상** 국가유산청
- **화순 쌍봉사 철감선사탑** 국가유산청
- **불국사 삼층석탑** 국가유산청
- **성덕대왕신종** 국가유산청
- **경주 석굴암 본존불** 국가유산청
- **논산 관촉사 미륵보살 입상** 국가유산청
- **안동 이천동 마애 여래 입상** 국가유산청
- **평창 월정사 8각 9층석탑** 국가유산청
- **자격루** 국가유산청
- **척화비** 국가유산청
- **천마도** 국립경주박물관
- **이차돈순교비** 국립경주박물관
- **임신서기석** 국립경주박물관
- **가야 판갑옷** 국립김해박물관
- **앙부일구** 국립민속박물관
- **백제 금동대향로** 국립부여박물관
- **주먹도끼** 국립중앙박물관
- **슴베찌르개** 국립중앙박물관
- **빗살무늬 토기** 국립중앙박물관
- **조개가면** 국립중앙박물관
- **갈돌과 갈판** 국립중앙박물관
- **비파형동검** 국립중앙박물관
- **농경문** 국립중앙박물관
- **민무늬 토기** 국립중앙박물관
- **명도전** 국립중앙박물관
- **금동연가 7년명 여래 입상** 국립중앙박물관
- **사신도 중 현무도** 국립중앙박물관
- **칠지도** 국립중앙박물관
- **산수무늬벽돌** 국립중앙박물관
- **호우명그릇** 국립중앙박물관
- **기마인물형 토기** 국립중앙박물관
- **청자상감운학무늬매병** 국립중앙박물관
- **청자참외모양병** 국립중앙박물관
- **분청사기 조화 모란무늬 병** 국립중앙박물관
- **백자항아리** 국립중앙박물관
- **고사관수도** 국립중앙박물관
- **인왕제색도** 국립중앙박물관
- **김홍도 서당** 국립중앙박물관
- **신윤복 단오** 국립중앙박물관
- **대동여지도** 국립중앙박물관
- **혼천의** 국립중앙박물관
- **가락바퀴** 국립청주박물관
- **호패** 천안박물관
- **민화** 통영시립박물관

사료 이용 목록

- **훈요 10조** – 고려사 세가 권제 2 태조 26년
- **묘청의 서경 천도 운동** – 고려사 열전 권제 40 묘청
- **최승로의 시무 28조** – 고려사 열전 권제6 최승로
- **만적의 난** – 고려사절요 권14 신종1년
- **서희의 외교담판** – 고려사절요 권2 성종 12년
- **무신정변** – 고려사 세가 권제 19 의종 24년
- **의정부 서사제** – 조선왕조실록 세종실록72권, 세종 18년
- **현량과** – 조선왕조실록 중종실록32권, 중종 13년
- **초계문신제** – 조선왕조실록 정조실록11권, 정조 5년
- **강화도 조약(조일 수호 조규)** – 조선왕조실록 고종실록13권, 고종 13년
- **을사늑약** – 조선왕조실록 고종실록46권, 고종 42년
- **홍범 14조** – 조선왕조실록 고종실록32권, 고종 31년

역쏘의 한국사

발행일   2025년 5월 10일 (초판 1쇄)

기획   고은영, 오주현
집필   오주현
디자인   이종하, 고은영
영상   오주현, 이지우

펴낸곳   고집북스
펴낸이   고은영
신고   2020년 11월 26일 (제2020-000048호)
주소   충남 아산시 매곡한들7길 20
이메일   savvy75@hanmail.net
인스타그램   @gozipbooks
ISBN   979-11-94816-07-2

▌이 책은 저작권법에 따라 보호받는 저작물이므로 무단전재와 무단복제를 금하며, 이 책의 전부 또는 일부를 이용하려면 반드시 고집북스의 서면 동의를 받아야 합니다.